¿CÓMO TRATAR LA ADICCIÓN?

¿CÓMO TRATAR LA ADICCIÓN?

TFE

CAMBIAR LAS EMOCIONES - CAMBIAR EL COMPORTAMIENTO

AHARON SHABI

Aharon Shabi
¿Cómo tratar la adicción?

Publicado por Spines
ISBN 979-8-90001-278-0

Spines

ÍNDICE

Introducción xiii

1. ¿Qué es la adicción? Características del fenómeno y sus tipos 1
2. Tratamiento de la Adicción 25
3. Terapia Interpersonal para la Adicción: Paso a Paso 69
4. Enfoque Centrado en las Emociones 107
5. Terapia Centrada en las Emociones: Tareas Clínicas 113
6. Cambio Emocional, Cambio Conductual: Un Tratamiento A Corto Plazo Centrado en las Emociones 133
7. Incorporación deHHH la Emoción Adaptativa: Autoeficacia 163
8. Terapia Focalizada en las Emociones y Reducción de Daños 173
9. Enfrentando el futuro 185
10. TFE con individuos que enfrentan adicción: Desafíos y Soluciones 197

Resumen y Reflexiones 203
Bibliografía 211

"En mis primeros años como terapeuta, me preguntaba: ¿Cómo debería tratar? ¿Cómo puedo sanar? ¿Cómo puedo ayudar a mis clientes a cambiar? Hoy, formularía la pregunta de forma diferente: ¿Cómo puedo crear una relación que fomente el crecimiento y desarrollo de mis clientes?" —Carl Rogers.

Para Smadar, Ido, Bar y Roy

INTRODUCCIÓN

> Finalmente, hubo alguien que realmente me conoció y creyó en mí. Mis sesiones con mi terapeuta se convirtieron en un espacio seguro, un hogar. Había una conexión genuina—real, positiva, comprensiva y amorosa. Ella fue cariñosa, atenta y me vio por quien realmente era. Se alegraba de mi felicidad y compartía mi dolor cuando sufría.
>
> –Betty, una paciente

Betty, quien luchaba contra la adicción, capturó en solo unas pocas frases la esencia de la relación que tenía con su terapeuta. Esta relación terapéutica interpersonal le proporcionó seguridad, amor y un renovado sentido de autoestima, que se convirtió en la base para su camino hacia la superación de la adicción. El tema de este libro, Terapia Focalizada en las Emociones para la Adicción, es un enfoque terapéutico diseñado para transformar emociones dolorosas y desadaptativas—como la ansiedad y la depresión, a menudo arraigadas en traumas, negligencia o daño—en sentimientos más adaptativos y potenciadores como la autoestima y la fortaleza. Este proceso facilita la creación de una nueva narrativa personal y la transformación emocional, conduciendo a un cambio comportamental significativo. El uso prolongado por parte de Betty de sustancias psicoactivas, incluidos drogas, medicamentos y alcohol, condujo a una dependencia profunda y a cambios psicológicos, emocionales y físicos que afectaron gravemente su funcionamiento a corto y largo plazo. La terapia focalizada en las emociones que recibió le brindó una experiencia emocional correctiva, permitiéndole recuperar sentimientos de orgullo y autoestima.

El uso indebido de sustancias psicoactivas y la adicción a ellas causan problemas importantes de salud mental, incluidos síntomas de ansiedad, depresión y pérdida de control. La adicción se define en el DSM-5, el manual diagnóstico de la Asociación Estadounidense de Psiquiatría, como un trastorno caracterizado por un patrón desadaptativo que causa malestar clínico. Las personas que luchan con adicciones prolongadas a menudo experimentan emociones intensas e incontrolables, como depresión, vergüenza y tristeza. Estos sentimientos suelen derivar de experiencias de rechazo, abuso y humillación—algunas conscientes, otras inconscientes. El uso excesivo de sustancias a veces es un intento de "resolver" un dolor emocional profundamente arraigado, pero en la práctica carga la vida de los usuarios. Para muchos, el comportamiento adictivo se convierte en un ciclo de ansiedad, miedo, riesgo y desesperanza.

El objetivo de este libro es explorar cómo la terapia focalizada en las emociones puede servir como una herramienta eficaz para abordar la adicción, planteando preguntas tales como:

- ¿Puede la transformación emocional proporcionar una experiencia correctiva para los pacientes que luchan con la adicción?
- ¿Qué métodos pueden producir un cambio significativo para pacientes que les cuesta expresar sus emociones?
- ¿Es posible ayudar a pacientes que han experimentado abuso, daño y trauma a regular y procesar emociones intensas en el contexto del tratamiento de la adicción?
- ¿Qué constituye un tratamiento efectivo para la adicción?

Estas preguntas se abordarán desde la perspectiva de la Terapia Focalizada en las Emociones (TFE), basada en la psicología humanista y el trabajo pionero de Les Greenberg. El enfoque TFE se centra en transformar emociones desadaptativas, como la ansiedad y la vergüenza, en emociones positivas y transformadoras como la autoestima y la sensación de capacidad. La terapia busca integrar estas nuevas emociones en el sistema emocional, llevándolo a cambios funcionales y comportamentales. Los componentes clave del proceso de intervención incluyen:

- Incrementar la conciencia emocional: Identificar emociones no resueltas y abordarlas.
- Procesar recuerdos del dolor central: Crear espacio para emociones y memorias ligadas a experiencias traumáticas.
- Fortalecer la expresión emocional: Desarrollar la

capacidad de expresar emociones de manera saludable y adaptativa.
- Enfoque físico interior: Cultivar la conciencia de la conexión entre cuerpo y emociones.
- Regular y procesar las emociones: Equilibrar el sistema emocional turbulento.
- Procesar emociones relacionadas con figuras de apego: Abordar emociones complejas vinculadas a relaciones significativas pasadas y presentes.

La base del cambio emocional en la Terapia Focalizada en las Emociones (TFE) reside en establecer relaciones terapéuticas interpersonales sólidas, construidas sobre una alianza firme entre el terapeuta y el cliente. En dichas relaciones, el apoyo, la contención y la empatía son elementos clave. Estudios recientes han destacado el impacto positivo de la TFE en personas que enfrentan traumas complejos, depresión, ansiedad y desafíos relacionales y familiares.

La investigación presentada en este libro explora cómo este enfoque puede beneficiar a otra población—personas que luchan contra la adicción. El estudio se llevó a cabo en un centro ambulatorio de tratamiento de adicciones en Israel, combinando la terapia emocional con métodos psicosociales adicionales. Los resultados indican que las prácticas focalizadas en las emociones mejoraron la sensación de seguridad y autoeficacia de los participantes, les ayudaron a adaptarse al marco terapéutico y apoyaron su compromiso con la abstinencia del consumo de sustancias. La recuperación de la adicción es un proceso largo y complejo, especialmente en poblaciones que tienen menor probabilidad de comprometerse con el tratamiento, tienden a abandonarlo prematuramente y enfrentan estigma, exclusión y sensación de desesperanza en su vida cotidiana. Este libro enfatiza la necesidad de un tratamiento preciso y personalizado para esta población, donde el procesamiento de experiencias emocionales desadaptativas tempranas y el desarrollo de habilidades emocionales para afrontar la situación son centrales. Este enfoque no solo ofrece una experiencia emocional correctiva, sino que también abre la puerta a cambios comportamentales significativos y a una mejora en la calidad de vida de los pacientes.

Les Greenberg desarrolló una tipología de seis categorías para la terapia interpersonal focalizada en las emociones:

1. Incrementar la Conciencia Emocional: Ayudar al cliente a identificar y conectar con emociones reprimidas.
2. Expresión Emocional: Fomentar que el cliente exprese sus emociones.
3. Regulación Emocional: Reducir la intensidad de emociones abrumadoras para permitir su procesamiento, transformación y alcanzar una sensación de control.
4. Reflexión Emocional: Reflexionar sobre las emociones y profundizar la comprensión para crear una nueva narrativa y perspectiva.
5. Transformación Emocional: Transformar emociones desadaptativas, como la vergüenza, en emociones potenciadoras, como la autoestima, e integrarlas en el sistema emocional del cliente. Este

proceso implica identificar emociones positivas, evaluar su relevancia y su alineación con el estado emocional actual del cliente.

6. Experiencia Emocional Correctiva: Facilitar el cambio dentro de la relación terapéutica transformando emociones desadaptativas, como la ira, en adaptativas, como la sensación de control.

La investigación en la que se basa este libro propone extender la terapia focalizada en las emociones (TFE) a personas con adicción, basada en dos temas centrales:

1. Aumentar la Conciencia Emocional y Mapear Emociones Desadaptativas:
    - Fortalecer la habilidad del cliente para identificar emociones desadaptativas y comprender su origen (p. ej., rechazo, privación, trauma).
    - Examinar cómo las interpretaciones desadaptativas perpetúan la adicción.
2. Fomentar la Proactividad y el Manejo Emocional:
    - Animar al cliente a experimentar emociones en el "aquí y ahora" dentro de la relación terapéutica, mientras las observa desde una nueva perspectiva y reevalúa su relevancia para su realidad actual.
    - Crear interpretaciones alternativas de las emociones desadaptativas y transformarlas—por ejemplo, convertir emociones como la vergüenza en sentimientos positivos como confianza, fortaleza y control—para facilitar cambios

> funcionales, reducir el consumo de sustancias e incluso lograr la abstinencia.

Un estudio longitudinal cuantitativo y cualitativo realizado en un centro ambulatorio de tratamiento de adicciones en Israel, que examinó el impacto de la terapia emocional individualizada en clientes que enfrentan la adicción, encontró que los componentes terapéuticos interpersonales aplicados a 36 clientes tuvieron una contribución significativa. Estos clientes desarrollaron conciencia de sus emociones y comportamientos desadaptativos, transformándolos con éxito en emociones positivas como la confianza y la autoeficacia, lo que llevó a cambios conductuales significativos, incluida la abstinencia de drogas y alcohol por hasta ocho meses. Sin embargo, el estudio también identificó varios desafíos en la aplicación de este método, tales como dificultades para establecer relaciones terapéuticas con algunos clientes, luchas de los terapeutas para ayudar a los clientes a regular emociones intensas, y retos para facilitar los procesos de transformación emocional. Para abordar estos desafíos, los terapeutas enfatizaron los procesos interpersonales, enfocándose en una comunicación empática y de apoyo, fortaleciendo la capacidad de autocompasión de los clientes y construyendo una nueva narrativa emocional basada en el auto-valor y la seguridad. Estas estrategias están en consonancia con hallazgos de investigaciones existentes. La terapia focalizada en las emociones efectiva para poblaciones que enfrentan la adicción requiere combinar intervenciones emocionales y prácticas. Esto incluye apoyo para ejercer derechos, integración en empleo y vivienda, resolución de problemas familiares, defensa y apoyo personal. Tales acciones podrían ayudar a eliminar las barreras diarias y aumentar la disposición de los clientes para comprometerse con la terapia.

A lo largo de este libro se presentarán estudios de caso y extractos de sesiones de terapia interpersonal focalizada en las emociones con clientes que luchan contra la adicción, junto con estudios de caso adicionales extraídos de la literatura de investigación. Para proteger la privacidad de los clientes, sus datos identificativos han sido modificados. Las citas de teóricos y pensadores presentes en el libro provienen de materiales disponibles públicamente en línea.

Estructura del libro

El libro está dividido en diez capítulos, cada uno centrado en un aspecto diferente de la adicción y la terapia interpersonal focalizada en las emociones:

- El capítulo 1 explora la adicción a sustancias psicoactivas, abordando la dependencia, las características del consumo, perfiles de poblaciones a lo largo del espectro adictivo y el uso de sustancias para la autocuración.

- El capítulo 2 discute las prácticas terapéuticas actuales y los métodos de intervención en el tratamiento de la adicción, así como los principales desafíos que enfrentan las personas con adicción.

- El capítulo 3 describe las características de la terapia interpersonal y el camino hacia la salud mental y el bienestar, incluyendo el proceso terapéutico, la superación de barreras para el tratamiento y el apoyo incondicional a clientes con adicción.

• El capítulo 4 introduce la terapia interpersonal focalizada en las emociones y su teoría fundamental, examinando el sistema emocional humano, el impacto del trauma en las emociones y la innovación de transformar emociones desadaptativas en constructivas.

• El capítulo 5 aborda las tareas clínicas en la terapia focalizada en las emociones.

• El capítulo 6 explora los procesos prácticos relacionados con la transformación emocional en terapias de corta duración, detallando cómo las emociones desadaptativas pueden convertirse en emociones más potenciadoras y qué constituye una experiencia emocional correctiva.

• El capítulo 7 se centra en la integración de la terapia focalizada en las emociones con la reducción de daños en el tratamiento de la adicción, examinando desafíos éticos y métodos para abordarlos.

• El capítulo 8 discute la terapia focalizada en las emociones en el espacio digital, especialmente tras la pandemia de COVID-19, y describe las adaptaciones necesarias para la terapia en línea manteniendo los principios centrales de la terapia interpersonal y la empatía.

• El capítulo 9 ofrece soluciones a los desafíos en la terapia focalizada en las emociones, con énfasis en la fuerza y calidad de la relación terapéutica.

• El capítulo 10 es la conclusión, que explora la aplicación práctica del enfoque interpersonal con clientes en grave malestar y cómo motivarlos para que abracen el cambio emocional.

Este libro está informado por la investigación sobre la terapia interpersonal focalizada en las emociones, un estudio realizado entre poblaciones en el espectro de la adicción, y mi experiencia como profesional psicosocial y gestor en sistemas públicos y privados. A lo largo de los años, he brindado terapia a adolescentes y adultos en grave angustia, enfrentando frustración, ansiedad y tristeza derivadas de desafíos emocionales y conductuales. Mi enfoque terapéutico enfatizó el diálogo emocional interpersonal, la empatía y la contención, con el objetivo de promover la autoaceptación y el crecimiento personal. Además, mi experiencia como profesor académico en educación, criminología y trabajo social en Israel, así como mis publicaciones en revistas profesionales, han profundizado mi comprensión del contenido emocional terapéutico, lo cual se refleja en este libro. Está destinado a profesionales que trabajan con poblaciones en riesgo, especialmente aquellas que luchan contra la adicción, así como a lectores interesados en la adicción y posibles enfoques terapéuticos para abordar este fenómeno complejo.

Espero que este libro brinde una introducción profunda tanto al mundo de la adicción como al marco de la terapia focalizada en las emociones, inspirando a profesionales de diversas áreas a aplicar este método en la práctica. Este enfoque podría ofrecer a poblaciones marginadas una oportunidad auténtica de crecimiento, sanación y un futuro mejor.

Dr. Aharon Shabi

1

¿QUÉ ES LA ADICCIÓN? CARACTERÍSTICAS DEL FENÓMENO Y SUS TIPOS

Mike es un hombre soltero de veintinueve años que vive en un apartamento compartido y no ha trabajado en los últimos diez meses. Fue derivado por su médico de familia a un centro para el tratamiento de adicciones debido a su uso intenso de cannabis y alcohol. En una conversación con la terapeuta, menciona que ha estado usando estas sustancias por unos diez años, pero en los últimos dos años siente que ha perdido el control sobre la cantidad y frecuencia de su consumo. En el pasado intentó dejar de consumir drogas pero fracasó en sus intentos. Como resultado de su uso excesivo de cannabis y alcohol, existe tensión entre él y sus padres. Durante las reuniones iniciales con la terapeuta, Mike parece avergonzado y culpable por haberse encontrado nuevamente en un centro de tratamiento. Le cuesta creer que dejar el consumo de sustancias ayudará a resolver otras dificultades que está experimentando en su vida. "Tengo que decir que me siento tranquilo cuando consumo la droga", dice, con la mirada fija en la esquina de la habitación. "Mis pensamientos se ordenan y gracias a las sustancias he podido crear conexiones sociales. No entiendo por qué necesito tratamiento."

La terapeuta se inclina hacia adelante, con la mirada suave. "Por lo que estás describiendo," dice, "el cannabis se ha vuelto parte de tu vida. Dices que no ves razón para dejar de usarlo, aunque tu médico de familia expresó preocupación por ti y cree que el consumo excesivo está dañando significativamente tu salud y funcionamiento diario. Mencionaste que recientemente has experimentado mareos, depresión y sensación de desconexión. Siento que el consumo de drogas y alcohol no solo te está beneficiando, y como describiste, realmente no está ayudando a aliviar el dolor que sientes, especialmente en los últimos meses debido al conflicto con tus padres por el consumo y tu desempleo. Percibo que el fracaso que experimentaste cuando intentaste dejar las sustancias hace unos meses te dejó decepcionado y pesimista, y quizá eso ha contribuido a la sensación de que no vale la pena esforzarse en esa dirección. ¿Estoy en lo cierto?"

"Para ser honesto," Mike se encoge de hombros, "no tengo mucha paciencia para charlas y discusiones. He estado en terapia antes y nada cambió. Sí, tengo problemas que el cannabis y el alcohol no resuelven, pero al menos estas sustancias me ayudan a desconectarme. Eso es algo. Sinceramente, no sé qué hacer."

La terapeuta asiente con comprensión y lo observa por un largo momento. "El hecho de que vengas a nuestras reuniones y compartas conmigo las experiencias difíciles que has tenido en estos últimos años, especialmente la soledad derivada de la desconexión con tu familia, me permite escuchar otra voz dentro de ti, una que aún quiere entender qué llevó a la situación actual y cómo podemos cambiar los sentimientos de ansiedad y tristeza que estás experimentando estos días. Creo que juntos podemos abordar los obstáculos que enfrentas de una manera diferente. El hecho de que hayas regresado al tratamiento es una oportunidad para enfrentar los desafíos que describes de una forma nueva y, con el tiempo, generar un cambio. Estoy contigo."

Mike se encuentra en un callejón sin salida, tanto en lo que respecta a romper el ciclo del abuso de sustancias (Shabi, 2021), como en entender las razones de su dependencia del cannabis y cómo escapar de las dificultades de la vida diaria. Entonces, ¿qué es este ciclo cerrado en el contexto de la adicción a sustancias? ¿Y cuáles son las posibles soluciones para las poblaciones que enfrentan dificultad y angustia? Este capítulo abordará las características del consumo de sustancias, los rasgos de las poblaciones consumidoras, el significado del término "autocuración", que explica el trasfondo del ciclo cerrado en el campo de la adicción, y los procesos de intervención que actualmente se llevan a cabo dentro de estas poblaciones.

Sustancias adictivas: supuestos básicos

Los síntomas de la adicción y sus diversas manifestaciones aparecen en un individuo a nivel psicológico, fisiológico y conductual, y surgen de una etiología biopsicosocial compartida (NIDA, 2018).

Existe un amplio consenso en el campo de la investigación en que las personas que usan en exceso sustancias psicoactivas, incluyendo drogas, alcohol y medicamentos, invierten mucho tiempo pensando en las sustancias y usándolas, luchando a menudo por dejar de consumir. El abuso de sustancias suele comenzar en la adolescencia o la adultez temprana y se caracteriza por períodos de consumo seguidos de períodos de exacerbación a lo largo de la vida. Para algunas personas, el consumo de sustancias continúa durante años a pesar de las consecuencias negativas y el daño que causa (Monezi y Micheli, 2016). Una persona que enfrenta una adicción a sustancias experimenta ansias por la sustancia psicoactiva, se pone ansiosa cuando no puede obtenerla y siente que está perdiendo el control. Algunas personas pueden reemplazar el uso de sustancias psicoactivas con otros comportamientos adictivos (Monezi y Micheli, 2016).

Etiología

Los factores de riesgo biopsicosociales que contribuyen al desarrollo de la dependencia de sustancias psicoactivas provienen de las características de la propia sustancia, las características personales del usuario y el ambiente en el que vive (NIDA, 2014). Los factores genéticos y la herencia epigenética explican entre el 40 % y el 60 % de los factores que conducen a la dependencia, junto con influencias ambientales, dificultades psicológicas y problemas médicos. Según el Instituto Nacional sobre el Abuso de Drogas de EE. UU., las personas que padecen trastornos mentales y enfermedades relacionadas tienen un mayor riesgo de consumo prolongado de sustancias psicoactivas en comparación con otras poblaciones (NIDA, 2014). Existe variabilidad entre las sustancias adictivas en sus efectos fisiológicos y psicológicos. Actualmente, se reconocen alrededor de cien sustancias que conducen a la adicción o influyen significativamente en los estados mentales y fisiológicos, incluyendo sustancias que deprimen el sistema nervioso, estimulantes y alucinógenos (Reid, 2016). Es importante señalar que la lista de drogas ilegales se actualiza con frecuencia e incluye nuevas drogas sintéticas producidas ilegalmente en laboratorios de todo el mundo. A continuación, se presenta una tabla que describe los tipos de sustancias comúnmente usadas y sus efectos fisiológicos y psicológicos conocidos.

Efectos psicológicos y fisiológicos	Ejemplos	Tipo de droga
Sensación de pesadez, depresión, dificultad para pensar, comprensión alterada, juicio deficiente, pensamientos hostiles, pensamientos suicidas.	Sedantes, pastillas para dormir, alcohol, benzodiacepinas.	Drogas que deprimen el sistema nervioso.
Disminución de la frecuencia cardíaca, sudoración, constricción pupilar, reducción de la sensación de dolor, creación de sensación de relajación, mareos, trastornos del sueño, náuseas y euforia (durante el uso repetido).	Analgésicos: codeína, opio, morfina, heroína, narcóticos sintéticos – metadona.	
Liberación de inhibiciones, sensación de somnolencia e indiferencia, disminución de la concentración, distorsión de la percepción del tiempo, cambios en la percepción sensorial, aumento de la frecuencia cardíaca, pensamientos paranoides, alteraciones psicóticas, esquizofrenia, ansiedad, desorientación, cambios de humor.	Cannabis: marihuana, hachís, hierba, porro, diras.	
Alivio del dolor crónico, antiemético, anti-náuseas, mejora de síntomas durante tratamientos médicos.	Cannabis medicinal.	
Aumento de la tasa metabólica en el cuerpo, elevación de la presión arterial y frecuencia cardíaca, mejora del estado de ánimo, sensación de energía, efectos episódicos – esquizofrenia y episodios psicóticos.	Éxtasis, cocaína, anfetaminas.	Drogas que estimulan el sistema nervioso.
Aumento de la alerta, sensación de confianza en sí mismo, euforia.	MDMA.	
Mareos, sofocos o escalofríos, cambios de humor, alucinaciones visuales, sensación de desapego de uno mismo, sensación de persecución, distorsión de la percepción del tiempo.	LSD, mescalina, hongos alucinógenos, ketamina.	Drogas alucinógenas.

Psicofarmacología

Numerosos estudios se centran en los efectos de las sustancias psicoactivas sobre el cuerpo humano, particularmente en el sistema nervioso (Wampold, 2009). Entender las vías de las sustancias psicoactivas en el cuerpo ayuda a explicar sus efectos fisiológicos y psicológicos. Cuando se consume una sustancia psicoactiva mediante ingestión, inhalación o inyección, pasa a través del torrente sanguíneo o del sistema digestivo y alcanza las sinapsis en el cerebro. Estas sinapsis son los espacios entre células cerebrales, específicamente entre una fibra axónica y una célula nerviosa o entre una fibra dendrítica y otra célula nerviosa (Wampold, 2009). Desde las sinapsis, la sustancia llega a los receptores donde se encuentran neurotransmisores como dopamina, serotonina, glutamato y GABA. Por ejemplo, la dopamina, que es un mediador de la recompensa y el placer, es activada por la sustancia psicoactiva e induce sentimientos de euforia y relajación. Esta sensación generalmente dura solo un tiempo muy corto y, a medida que la sustancia abandona el cuerpo, disminuye la sensibilidad de los receptores a la dopamina y se reduce la sensación de euforia. Esta condición puede desencadenar frustración en el usuario y el deseo de consumir la sustancia nuevamente para recrear la sensación positiva. Cuando el consumo repetido no proporciona el placer esperado debido al desarrollo de tolerancia, se requiere una dosis mayor de la sustancia para alcanzar el efecto original.

Este proceso conduce a un ciclo cerrado de consumo de sustancias, caracterizado por intentos repetidos y dificultad para detener el uso, la combinación de sustancias adicionales y un pobre funcionamiento diario acompañado de sentimientos de frustración. Este ciclo genera un malestar severo e insoportable entre adolescentes, adultos jóvenes y adultos.

¿Cómo empezó todo?

El uso de sustancias psicoactivas

Las primeras sustancias psicoactivas utilizadas por los seres humanos fueron el tabaco y el alcohol. Desde principios del siglo XVII, se expandió el uso de la marihuana y el cannabis, y a finales del siglo XIX comenzó el uso del opio, inicialmente con fines médicos y luego también para uso recreativo. En 1848, el gobierno de Estados Unidos compiló una lista de sustancias aprobadas solo para uso médico y prohibió su uso recreativo. Unos setenta años después, en 1920, el uso de alcohol fue prohibido en Estados Unidos durante trece años (Ichot & Smock, 2009). El establecimiento religioso, tanto en el pasado como hoy, ve el uso recreativo de sustancias psicoactivas como un pecado y apoya las prohibiciones impuestas por varios gobiernos sobre el uso de estas sustancias. En el siglo XX, los países continuaron imponiendo restricciones y prohibiciones al uso no médico de drogas, aunque estas prohibiciones no abarcaban todas las sustancias. Por ejemplo, la heroína, el LSD y el cannabis estuvieron permitidos en algunos países hasta mediados del siglo XX (Ichot & Smock, 2009). En la década de 1980, hubo un aumento significativo en la producción ilegal de drogas, en particular las denominadas "drogas de club" como ÉXTASIS y MDMA, y se constató que el público que consumía estas sustancias estaba creciendo. La legalización del cannabis en muchos países occidentales, especialmente a partir de la década de 2000, así como el aumento en la prescripción de medicamentos opioides por parte del establecimiento médico, han contribuido significativamente al incremento del uso de sustancias psicoactivas y, consecuentemente, a problemas funcionales generalizados en muchas poblaciones (NIDA, 2018).

El primer modelo terapéutico para las adicciones se desarrolló en la década de 1930 en Estados Unidos por un grupo de personas que consumían alcohol en exceso. El grupo, que se llamó a sí mismo "Alcohólicos Anónimos" (A.A.), tenía como objetivo concienciar socialmente que el consumo excesivo de alcohol es una enfermedad crónica que el individuo no puede controlar y que requiere intervención médica (Ichot & Smock, 2009). El grupo trabajó para iniciar procesos sociales, políticos y médicos para obtener reconocimiento del tratamiento institucional y médico del problema, promoviendo al mismo tiempo el concepto de autoayuda como manera de enfrentar el alcoholismo. Los miembros desarrollaron un marco grupal basado en el método de "12 pasos" (Ronel, 2020), que se sostiene en el afrontamiento colectivo de la adicción dentro de un marco grupal, con el objetivo de fomentar el autocontrol y el empoderamiento personal. Este método de autoayuda se sigue utilizando hoy en día, no solo en relación con el consumo excesivo de alcohol, sino también en otras áreas adictivas como drogas, juego patológico y otros comportamientos adictivos. Se basa en la evitación total de la sustancia psicoactiva o del comportamiento adictivo y, según este método, en abandonar el deseo de controlar todo aquello que es incontrolable.

La mayoría de los países en el mundo, en particular las naciones occidentales, han desarrollado a lo largo del tiempo políticas en el campo del tratamiento de las adicciones, lo que ha llevado a la integración de tratamientos médicos y psicosociales formales para este problema. En la década de 1980 se desarrolló el modelo bio-psico-social, que hoy sirve como base para el trabajo terapéutico en el ámbito de las adicciones. Este modelo enfatiza la necesidad de un diagnóstico integral del problema adictivo y la provisión de un tratamiento que combine aspectos biológicos, psicológicos y sociales. También pone el foco en fortalecer las fortalezas psicológicas de las personas que enfrentan la adicción, con el objetivo de ayudarlas a lograr cambios emocionales, cognitivos y conductuales que les permitan reducir la dependencia hacia las sustancias psicoactivas y sus comportamientos adictivos —y en ocasiones incluso detenerlos por completo.

Comportamiento de Apostador

A lo largo del siglo XX, surgió la comprensión de que el comportamiento adictivo no se limita al consumo excesivo de sustancias psicoactivas, sino que también se manifiesta en el ámbito del juego. La adicción al juego comparte características similares con la adicción a sustancias e incluye la participación incontrolada en diversas formas de juego, legales e ilegales, incluyendo apuestas deportivas, juegos de casino, juegos de cartas, loterías, rifas variadas y máquinas tragamonedas. La actividad puede ser individual o social, presencial o en línea, ocasional o regular. Lo que define el nivel de adicción que experimenta el individuo es la frecuencia de esta actividad y la cantidad de tiempo dedicada a ella (Busfield, 2017). Similar a la adicción a sustancias, muchos países en el mundo han comenzado a desarrollar políticas y programas de intervención para la adicción al juego. Los estudios indican que la adicción al juego comparte similitudes con la adicción a sustancias en varios aspectos, como el impulso incontrolable por involucrarse en el comportamiento y la percepción de la adicción como un medio de autocuración. En vista de esto, los métodos de intervención y tratamiento recomendados para ambos tipos de adicciones —psicosociales y médicos— presentan características similares. En las diagnósticas psiquiátricas del DSM-5 (2013), el comportamiento de juego se define como un trastorno adictivo, similar al trastorno por consumo de sustancias. Esta definición incluye un compromiso extenso con el juego, la falta de control sobre este comportamiento, deterioro en el funcionamiento diario y daño al entorno familiar y social. Sin embargo, otros comportamientos adictivos, como la adicción al sexo, las compras, Internet y los videojuegos, aún no se definen como trastornos adictivos, ya que se necesitan más investigaciones para incluirlos en esta categoría. Similar al impulso por el uso de sustancias psicoactivas, factores sociales, biológicos y psicológicos subyacen en el desarrollo del comportamiento de juego (Yau & Potenza, 2015). Este trastorno se manifiesta, entre otras cosas, por síntomas psicológicos de abstinencia como la inquietud y la ansiedad cuando la persona se abstiene de jugar. Además, se desarrolla tolerancia, que se refleja en el aumento del tiempo dedicado a las actividades de juego, para recrear la sensación de euforia que la persona experimentó durante las primeras actividades de juego.

Las personas que sufren de trastorno por juego pueden intentar, a menudo sin éxito, reducir el tiempo dedicado a esta actividad, pero en muchos casos pierden gradualmente interés en otras áreas que antes eran centrales en sus vidas. El enfoque en el juego persiste a pesar de que la persona experimenta dificultades psicosociales, a veces en el contexto de intentos de ocultar a los familiares y su entorno el grado de implicación en la actividad y las pérdidas financieras relacionadas. Un factor significativo que influye en el comportamiento de juego es el entorno social. La existencia de actividades de juego entre familiares o amigos en la comunidad, así como el acceso a locales de juego, como puntos legales autorizados a operar juegos de lotería, puede exacerbar el comportamiento de juego y dificultar que la persona lo reduzca. Estudios que examinan las características de individuos que juegan regularmente indican que el 40% de ellos participan en actividades ilegales destinadas a "generar ingresos", como el robo, fraude y lavado de dinero, aunque la mayoría de estos delitos no son violentos (Petry et al., 2013). También se constató que tanto las personas que consumen sustancias psicoactivas como aquellas con comportamiento de juego presentan dificultades cognitivas y emocionales similares, que se manifiestan en compulsividad, deterioro en los procesos de toma de decisiones y patrones de pensamiento y emocionales desadaptativos. La prevalencia del comportamiento de juego es particularmente alta entre hombres y jóvenes, y el riesgo de esta adicción aumenta tras una exposición temprana al juego, alta disponibilidad de juegos de azar (que ahora se realizan principalmente en el espacio digital) y antecedentes familiares de adicción. Además, los grupos étnicos minoritarios están en mayor riesgo debido a los desafíos asociados a la inmigración, como el desempleo y las barreras sociales y culturales.

En conclusión, el comportamiento de juego está vinculado a factores personales, familiares, sociales y ambientales, y se manifiesta en la toma de decisiones arriesgadas, patrones de pensamiento desadaptativos, una disposición a gastar grandes sumas de dinero en poco tiempo, una búsqueda constante de emociones fuertes y la persistencia en el comportamiento a pesar del daño emocional, social, familiar y económico que causa. De manera similar a las personas que usan sustancias psicoactivas, los individuos con comportamiento de juego requieren un tratamiento psicosocial y médico integral, orientado a aliviar el malestar emocional y ayudar a cambiar los patrones emocionales, cognitivos y conductuales.

El Fenómeno de la Adicción: Datos

El fenómeno del abuso de sustancias y la adicción está muy extendido en Israel (Ministerio de Bienestar, 2019) y en todo el mundo (OMS, 2018). Según el informe anual de la OCDE, aproximadamente el 5,6 % de la población mundial (275 millones de personas de unos 4,5 mil millones de personas de entre 15 y 61 años) reportó el consumo de drogas. De estos, el 9 % (31 millones de personas) padecía un "trastorno por consumo de sustancias". Cabe destacar que solo una de cada seis personas que enfrenta este trastorno recibe el tratamiento adecuado (UNODC, 2018).Según la Organización Mundial de la Salud (OMS, 2018), el 43 % de la población mundial de 15 años en adelante consumió alcohol, con un consumo promedio mundial de 6,4 litros por año por persona. Además, el 5,3 % de las muertes globales están causadas por el consumo nocivo de alcohol, y el porcentaje de muertes relacionadas con el alcohol aumenta al 13,5 % en el grupo etario de 20 a 39 años. Las estimaciones sobre la adicción al juego indican que la tasa de jugadores problemáticos oscila entre el 0,12 % y el 5,8 % de la población general (Calado y Griffiths, 2016).En Israel, según datos de la Autoridad Nacional para la Lucha contra las Drogas y el Alcohol de 2016, se observó un aumento en el uso de sustancias psicoactivas entre personas de 18 a 65 años en comparación con la década anterior (Azari y Harel Fish, 2017).

Los principales hallazgos son:

- El 27 % reportó el consumo de cannabis.
- El 2 % reportó el consumo de otras drogas ilegales.
- El 29 % reportó haberse intoxicado al menos una vez en el último año.

Respecto al juego en Israel, la octava encuesta epidemiológica de la Autoridad Nacional para la Lucha contra las Drogas y el Alcohol encontró que, entre adultos de 18 a 65 años, aproximadamente el 5,7 % reportó juego frecuente (Azari y Harel Fish, 2017). Además, una encuesta realizada bajo los auspicios del sistema de juego de lotería en 2018 encontró que el 39 % de la población participa en loterías y juegos de azar y, de estos:

- El 3,5 % fue categorizado con riesgo medio de desarrollar una adicción.
- El 2 % fue categorizado con riesgo alto de desarrollar una adicción (Encuesta de Mifal HaPais, 2018).

Consumo de Sustancias y Conducta: Automedicación

"El intento de escapar del dolor a menudo crea dolor adicional" (Gabor Maté).

¿Por qué el fenómeno del consumo excesivo de sustancias y el comportamiento adictivo no disminuye, a pesar del alto costo psicológico y de salud que impone? Una posible respuesta a esta pregunta es que el consumo de sustancias es percibido por algunos en el público como una forma de automedicación, destinada a ayudar al usuario a enfrentar sentimientos como ansiedad, desesperanza, inseguridad y la necesidad de autorregulación y mantenimiento del sentido de valía personal (DSM-5, 2013; Khantzian, 2013). Las dificultades que experimenta esta población a menudo provienen de experiencias traumáticas no resueltas, como sentimientos de abandono, rechazo, daño o humillación (Ehlers y Clark, 2000). Sin embargo, es importante enfatizar que la automedicación es ilusoria: proporciona alivio, pero solo temporalmente, y finalmente crea un ciclo vicioso de creciente dificultad y malestar (Ettner et al., 2006).

Trauma Agudo y Adicciones

Las experiencias de daño y trauma son un factor significativo en el consumo excesivo de sustancias, ya que muchos usuarios ven estas sustancias como una solución a las dificultades emocionales que experimentan (APA, 2000). Los traumas agudos, que a menudo resultan de pérdidas, privación emocional o abusos sexuales y físicos, afectan profundamente la sensación de seguridad de la persona y pueden conducir a ansiedad, desesperación y retraimiento (McFarlane y Yehuda, 1996). El trauma provoca que las víctimas se desconecten de sus fuentes de seguridad, ya sean personas, lugares o ámbitos que fueron significativos para ellas en el pasado. Este proceso conduce a sentimientos de aislamiento social y emocional (Ehlers y Clark, 2000) y a una experiencia de vida acompañada de vergüenza, pérdida y desesperanza. En respuesta a estos sentimientos, muchos recurren al alcohol, sedantes y analgésicos (opiáceos) en un intento de evitar los recuerdos traumáticos y experimentar un alivio emocional temporal (APA, 2000). Sin embargo, este alivio es engañoso y finalmente conduce a un ciclo de adicción, donde la dificultad, la inseguridad y la desesperación solo se intensifican (El Centro Israelí de Adicción, 2023).

Poblaciones en el Continuo de la Adicción

Adolescentes

La literatura de investigación sobre adolescentes dentro del continuo de la adicción indica que no todos los adolescentes que experimentan con drogas y alcohol desarrollarán problemas o disfunciones graves (Zimmer y Boni-

Nach, 2014). El uso de drogas y alcohol entre adolescentes no necesariamente indica patología y a veces puede reflejar parte de la norma social de la adolescencia, incluyendo nuevas experiencias y el manejo de riesgos. En otras palabras, experimentar con sustancias es, en cierta medida, parte del proceso para alcanzar objetivos del desarrollo característicos de esta edad. Sin embargo, el comportamiento de juego o el uso intensivo de sustancias puede conducir a dificultades funcionales y a una rápida entrada en el ciclo de adicción (Gabriel-Fried, Rehav y Teichman, 2010). Esta etapa, caracterizada por el abuso de sustancias y comportamiento adictivo, puede incluir dificultades en el funcionamiento personal dentro de la familia, la escuela y los sistemas sociales. Algunos adolescentes comienzan a usar sustancias o se vuelven adictos al juego debido a influencias sociales y culturales, imitando a su grupo de pares. Algunos tienen dificultad para comprender la importancia y las consecuencias de su comportamiento, tanto a corto como a largo plazo. El fenómeno de la adicción al juego entre adolescentes está en aumento tanto a nivel global como en Israel (Gabriel-Fried, 2023), incluyendo el juego y apuestas en línea, un impulso incontrolable a volver a jugar a pesar de los riesgos claros y consecuencias negativas como dificultades académicas y sensación de pérdida de control. Los patrones de juego de los adolescentes en Israel son similares a los de otros países. Se ha encontrado que los varones juegan con más frecuencia que las mujeres. Además, algunos de los adolescentes que juegan son hijos de padres jugadores, y la edad a la que los adolescentes comienzan a jugar afecta negativamente su comportamiento de juego en el futuro (Gabriel-Fried, Rehav y Teichman, 2010).

Los ámbitos educativos y no formales implementan programas de prevención orientados a reducir el consumo de sustancias y comportamientos adictivos entre los adolescentes, pero su éxito es solo parcial. Se requiere de programas de prevención que fomenten que los adolescentes tomen la iniciativa y participen en actividades alternativas, como deportes u otras actividades, en lugar del consumo de sustancias, así como el desarrollo de un sistema de tratamiento dedicado a las adicciones en edad temprana. El aumento en el consumo de sustancias y la adicción al juego entre adolescentes requiere intervenciones más efectivas que se centren tanto en prevenir los comportamientos adictivos como en incrementar el apoyo emocional y social para quienes luchan contra la adicción.

Mujeres

La adicción a las drogas y el alcohol entre mujeres a menudo se desarrolla a una edad temprana, y algunas son madres de niños pequeños. Estas mujeres enfrentan dificultades personales, funcionales y económicas significativas y a menudo tienen problemas para mantener un empleo estable. A diferencia de los hombres, la mayoría de las mujeres en el continuo de la adicción no están involucradas en actividades criminales o socialmente inaceptables. Otra característica distintiva es el uso de sustancias legales como alcohol, medicamentos recetados y estimulantes (Thom, 2010). Las investigaciones muestran que, al igual que los hombres, las mujeres tienden a usar sustancias psicoactivas como parte de un mecanismo de "automedicación", para afrontar síntomas postraumáticos derivados de experiencias de abuso sexual o físico, ya sea en el pasado o actualmente. Entre algunas mujeres, existe una correlación entre el consumo de sustancias y la participación en la prostitución, donde el consumo tiene como propósito ayudarlas a manejar el dolor y sufrimiento emocional relacionados con este comportamiento. Además, las mujeres que consumen sustancias a menudo sufren síntomas psiquiátricos adicionales, como ansiedad, depresión y trastornos alimentarios (Thom, 2010).La adicción en mujeres conlleva características únicas, derivadas de influencias sociales, psicológicas y relacionadas con el trauma. Por lo tanto, los programas de apoyo y tratamiento deben basarse en las necesidades específicas de esta población para ayudarlas a afrontar los desafíos de la adicción y mejorar su calidad de vida.

Trastornos Concurrentes

Los trastornos concurrentes, también conocidos como diagnóstico dual, se refieren a la situación en la que un individuo enfrenta simultáneamente un trastorno por consumo de sustancias o un comportamiento adictivo y un trastorno de salud mental. La conexión entre estos trastornos puede surgir de diversos factores: genéticos, neurobiológicos, psicológicos, sociales, ambientales y culturales. Al igual que la población general, las personas que padecen trastornos de salud mental a veces utilizan sustancias psicoactivas como una estrategia de automedicación. Estas sustancias pueden aliviar temporalmente los síntomas del trastorno, pero en última instancia "ocultan" el trastorno y retrasan la intervención adecuada del tratamiento (Wamel et al., 2021). Por otro lado, el uso prolongado de sustancias psicoactivas puede conducir a la aparición de un trastorno mental, donde el consumo de sustancia y el estado mental se afectan mutuamente. Las personas que enfrentan trastornos concurrentes a menudo experimentan cambios de humor, episodios psicóticos, ansiedad y depresión. Muchos de los afectados presentan el inicio de la enfermedad mental a una edad temprana, y en el 75% de los casos, el trastorno mental precede a la adicción. La investigación muestra que la mayoría de las personas con trastornos concurrentes son hombres que luchan por salir de situaciones de riesgo y dejar de consumir sustancias. Su condición puede implicar riesgos que amenazan la vida debido a dificultades con el funcionamiento diario y el mantenimiento del equilibrio mental. Uno de los principales desafíos en esta población es la falta de consistencia en el tratamiento, incluyendo la ingesta esporádica de medicación y el incumplimiento de las pautas médicas, lo que conduce a hospitalizaciones psiquiátricas repetidas y falta de adherencia al tratamiento de la adicción, dificultando el proceso de recuperación. Los trastornos concurrentes representan un desafío terapéutico complejo que requiere un enfoque multidisciplinario y coordinado. Comprender la relación recíproca entre los trastornos de salud mental y el consumo de sustancias es fundamental para desarrollar programas de tratamiento efectivos que ofrezcan soluciones integrales y focalizadas para esta población.

La familia de una persona que lucha contra la adicción

El sistema familiar de un individuo en el espectro de la adicción puede sufrir conflictos interpersonales, fluctuaciones significativas, inestabilidad y dependencia mutua entre los miembros de la familia, afectando su funcionamiento diario (Tombs, 2005). Estos desafíos se manifiestan con frecuencia en ira mutua, sentimientos de culpa y responsabilidad entre los miembros de la familia respecto a la condición del familiar adicto, dolor e incluso distanciamiento y alejamiento entre los mismos familiares y del entorno social más amplio. En muchos casos, las familias tienden a ocultar la verdadera situación del familiar frente a terceros, por miedo a empeorar su condición o dañar su imagen. Sin embargo, este ocultamiento en realidad profundiza los sentimientos de tensión y ansiedad dentro de la familia. Cuando el padre de familia es quien lucha contra la adicción, puede desarrollarse distancia entre él y su cónyuge, quien enfrenta la impotencia y frustración de asumir sola la carga de la crianza y la responsabilidad financiera. A menudo, se crea un "equilibrio patológico" dentro de estas familias: una situación en la que los familiares del adicto invierten importantes recursos emocionales en él, a veces prestándole especial atención con la esperanza de ayudarle a cambiar, pero en realidad esto complica su capacidad para lograr un cambio real y manejar la adicción de manera óptima (Tombs, 2005). La inversión emocional se expresa de diversas maneras, incluyendo afirmaciones de que el familiar afectado no es una persona enferma, sino simplemente "irresponsable." A veces, los miembros de la familia incluso se oponen a los procesos de rehabilitación en los que el individuo está involucrado, ya que no creen en su capacidad para tener éxito. Además, en ocasiones el familiar adicto sirve como un factor estabilizador para la familia, ya que desvía la atención de otros problemas cotidianos, como dificultades matrimoniales, crisis económicas o violencia doméstica. En estos casos, mantener la situación actual permite a la familia retrasar la atención a conflictos ocultos o evidentes y mostrar flexibilidad, adaptación y tolerancia hacia el familiar adicto.

La intervención terapéutica con la familia de una persona que lucha contra la adicción es esencial y puede fortalecer las conexiones interpersonales familiares, mejorar la comprensión de las dificultades del paciente y aumentar la motivación para el cambio.

Esposas de hombres que luchan contra la adicción

La codependencia es un concepto único que describe patrones de comportamiento en relaciones donde el hombre enfrenta una adicción. Este concepto se refiere a los intentos de su esposa por protegerlo mediante ayuda excesiva, supervisión cercana y realización de acciones en su nombre. Aunque estos patrones buscan ayudar al hombre que lucha contra la adicción, pueden dificultar el proceso de recuperación (Zaks & Feld, 2005).Las esposas de hombres con problemas de adicción a menudo experimentan sentimientos de falta de identidad, culpa e inseguridad. Estas emociones a veces conducen a conductas complacientes hacia su pareja, incluso a costa de sus propias necesidades. La esposa puede subordinarse a las necesidades de su pareja y, como resultado, sentir que es anormal en comparación con su entorno, retirándose a su mundo y experimentando soledad emocional y creciente malestar.

Niños en familias con un padre que lucha contra la adicción

Los niños en familias donde uno de los padres enfrenta la adicción están influenciados por factores biológicos, genéticos y psicológicos, que pueden llevar a sentimientos de inseguridad, confusión, miedo, ansiedad e incluso culpa (Gabriel-Bell & Teichman, 2008). Estos niños tienden a desarrollar mecanismos de defensa, mediante los cuales niegan la compleja situación de su familiar y la racionalizan para sí mismos y su entorno.

Los niños en estas situaciones pueden adoptar varios roles familiares, incluyendo:

- "El héroe familiar": Un niño que intenta hacer todo "correcto".
- "El chivo expiatorio": Un niño que se comporta de manera provocativa o alternativamente evita los conflictos.
- "El yo adaptativo": El niño crea una barrera entre su "yo verdadero" y el comportamiento que muestra externamente para encajar en el entorno y protegerse emocionalmente.
- Estos niños a menudo experimentan una inseguridad constante, ya que ven su "yo verdadero" como inválido, lo que se manifiesta en sentimientos cotidianos de tristeza y vergüenza (Gabriel-Bell & Teichman, 2008).
- Los adolescentes de entre 14 y 18 años que viven en estas familias a menudo tienen dificultades para formar su identidad personal. La ansiedad, la

depresión y la tristeza que experimentan debido a los problemas de adicción del padre dificultan la resolución de conflictos surgidos anteriormente en la vida, y como resultado, les resulta difícil desarrollar una identidad individual y madura. Permanecen ensombrecidos por los conflictos familiares. Cuando un miembro de la familia enfrenta una adicción, la familia tiende a tener una "baja diferenciación", con límites difusos y dificultad para distinguir entre la identidad personal y la identidad colectiva familiar (Gabriel-Fried & Teichman, 2008). En tales casos, hay poca paciencia para las necesidades de los niños, y sus sentimientos de soledad e inseguridad se intensifican aún más.

Resumen

Las poblaciones que lidian con la adicción, incluidos adolescentes, adultos jóvenes, mujeres, hombres e individuos con trastornos concurrentes, a menudo enfrentan ansiedad, vergüenza, inseguridad, miedo y una sensación de desesperanza respecto al cambio. La adicción a sustancias o comportamientos impacta negativamente en la familia y el entorno cercano, profundizando sentimientos de pesimismo y desconfianza en la capacidad de controlar la vida y generar cambios. Una intervención terapéutica temprana y personalizada puede ayudar a restaurar la confianza en uno mismo, mejorar la adaptabilidad y facilitar la integración en una vida normativa.

2

TRATAMIENTO DE LA ADICCIÓN

> "La formulación más completa del objetivo terapéutico y el tratamiento es el empeño por vivir sin pretensiones, expresar las emociones de manera honesta y ser fiel a las emociones y creencias de la persona (el paciente) de forma auténtica." (Karen Horney)

Además de las acciones de aplicación, educación y prevención, en los últimos años el tratamiento psicosocial y médico se ha convertido en una respuesta importante para abordar el consumo de sustancias psicoactivas y los comportamientos adictivos. El tratamiento médico se centra principalmente en asistir con la desintoxicación física de las sustancias y proporcionar un tratamiento a largo plazo utilizando sustitutos como la metadona o Suboxone. Su objetivo es aliviar los síntomas de abstinencia y estabilizar la condición del paciente con el tiempo. Por otro lado, el tratamiento psicosocial se enfoca en comprender el impacto de factores sociales, ambientales, familiares y personales en el consumo excesivo de sustancias o comportamiento adictivo. Está diseñado para diagnosticar las raíces de la adicción y encontrar métodos de tratamiento efectivos adaptados a las necesidades individuales del paciente.

Objetivos del Tratamiento para la Adicción:

- Reducir el consumo de sustancias o comportamientos adictivos o abstenerse de ellos.
- Mejorar el funcionamiento personal, interpersonal y social del paciente.

En la práctica, el tratamiento psicosocial se basa en un diálogo personal entre el terapeuta y el paciente o dentro del marco de un grupo terapéutico. El tratamiento se centra en fortalecer la motivación para el cambio personal en el ámbito del consumo de sustancias, reducir el daño asociado al consumo, el cambio cognitivo para adoptar un pensamiento adaptativo adecuado a las circunstancias reales, el cambio emocional para generar emociones positivas y fuertes alineadas con las situaciones vitales, y el cambio conductual, que incluye mejorar el funcionamiento psicológico, laboral y familiar, así como desarrollar y fortalecer el autocontrol, las habilidades para resolver problemas y la regulación emocional.

Áreas Clave del Tratamiento Psicosocial:

1. Proporcionar información sobre el campo de las adicciones y sus características únicas.
2. Diagnosticar e identificar el estado de adicción del paciente y el contexto de su dependencia a sustancias o comportamiento adictivo.
3. Ayudar al paciente a desarrollar estrategias de afrontamiento y a manejar una vida sin consumo de sustancias.

4. Cambiar los patrones de pensamiento, emocionales y conductuales que mantienen el problema de adicción (Straussner et al., 2014).
5. Cambiar los procesos mentales personales e interpersonales que dificultan la reducción o abstinencia de sustancias.
6. Fortalecer el lenguaje de la motivación para el cambio.
7. Empoderar al paciente y animarlo a enfrentar activamente el problema del consumo de sustancias (Mignonn, 2014).
8. Identificar las Fortalezas Ocultas y Visibles del Paciente, proporcionar Apoyo Incondicional, resolución de Problemas, reducción de la Esperanza (De Leon, 2010).
9. Atender las Dificultades y Necesidades Integrales del Paciente.
10. Proporcionar Respuestas Médicas Específicas a la Adicción y a los Problemas Médicos Relacionados.
11. Rehabilitación Vocacional, Defensa de Derechos, Obtención de Derechos y Asistencia Legal.

PREVENCIÓN Y LOS PROCESOS DE TRATAMIENTO

Prevención del Consumo de Sustancias Psicoactivas

La prevención es un primer paso fundamental para abordar la exposición de adolescentes, jóvenes y adultos a sustancias psicoactivas. El enfoque es multifacético, abarcando estrategias educativas, sociales y basadas en el tratamiento. Su objetivo principal es prevenir o reducir conductas de riesgo que puedan dañar al individuo o su comunidad. Los programas de prevención buscan fomentar conductas saludables mediante valores sociales y educativos, reducir el consumo inicial de sustancias y prevenir la continuación del uso limitando la disponibilidad de las sustancias. Asimismo, buscan influir en comunidades y grupos sociales para evitar el consumo de sustancias dañinas. Por ejemplo, los esfuerzos de prevención en muchos países combinan la aplicación estricta contra el narcotráfico con campañas educativas y de concienciación que resaltan los peligros del consumo (Zimer & Bony-Noh, 2014).

Etapas de la Prevención del Consumo de Sustancias entre Adolescentes y Jóvenes

La prevención del consumo de sustancias es un proceso en varias etapas diseñado para proporcionar una respuesta integral y adaptada a las diversas necesidades de la población objetivo.

Prevención Primaria

La prevención primaria se enfoca en evitar el primer consumo de sustancias psicoactivas o la transición de un uso ocasional a uno problemático y habitual. Las estrategias incluyen educación sobre la adicción y sus efectos, enseñanza de conductas y valores positivos, fortalecimiento de habilidades personales y la oferta de alternativas para el tiempo libre (Zimer & Bony-Noh, 2014).

Prevención Secundaria

La prevención secundaria se dirige a personas que ya han estado expuestas a sustancias pero que aún no han desarrollado patrones problemáticos de uso. El objetivo es mejorar el funcionamiento del individuo en ámbitos social, académico, laboral y familiar. Esto incluye consejería, asistencia individualizada para mejorar el funcionamiento personal, fortalecimiento psicológico y funcional, así como la implementación de programas de reducción de daños.

Prevención Terciaria

La prevención terciaria se concentra en poblaciones que ya enfrentan una adicción activa. Esta etapa incluye la integración de individuos en tratamientos psicosociales y médicos, ayuda en la rehabilitación, reducción del riesgo de recaída y apoyo para la reintegración comunitaria.

Enfoques para la Prevención del Consumo de Sustancias

El campo de la prevención del consumo de sustancias entre adolescentes, jóvenes y adultos se basa en varios enfoques teóricos y prácticos, incluyendo el enfoque ecológico y el enfoque salutogénico. Estos enfoques abordan aspectos sistémicos, sociales y educativos para reducir el consumo y mejorar la capacidad de la población para enfrentar factores de riesgo.

El Enfoque Ecológico

El enfoque ecológico considera al individuo como un sistema holístico, que incluye a la persona, su familia, su entorno social y las interacciones entre ellos. Según este enfoque, un programa de prevención debe incluir los siguientes componentes:

- Concienciación sobre los factores personales, familiares y ambientales influenciados por el consumo de sustancias.
- Fortalecimiento de la resiliencia mental y social del individuo y de la comunidad.
- Educación pública sobre los peligros del consumo de sustancias, con el fin de cambiar actitudes que apoyan la legalización de sustancias psicoactivas.

El Instituto Nacional sobre el Abuso de Drogas (NIDA) recomienda un marco integral de prevención basado en prácticas fundamentadas en evidencia (EBP), que incluye trabajar con individuos, familias y comunidades. Estos programas involucran el desarrollo de habilidades de comunicación familiar y crianza, educar a padres e hijos sobre el consumo de sustancias, y crear programas preventivos desde la infancia hasta la escuela secundaria, con énfasis en mejorar el logro académico, desarrollar habilidades sociales y potenciar la autoeficacia. Estos programas tienen como objetivo generar cambios emocionales y conductuales en los participantes, con énfasis en adaptar las intervenciones a factores de riesgo únicos dentro de la comunidad. Sin embargo, el enfoque ecológico enfrenta desafíos significativos, como el aumento del apoyo público a la legalización del cannabis y la tolerancia al uso libre de sustancias psicoactivas (Zimmer & Bony-Noh, 2014).

El Enfoque Salutogénico

El enfoque salutogénico se centra en identificar factores que promueven la salud en individuos y comunidades para prevenir el consumo de sustancias psicoactivas (Shagay, 2014). Según este enfoque, existen factores sociales patógenos que contribuyen al consumo de sustancias, incluyendo la legitimación social del uso de drogas, el comercio libre de drogas y la legalización de sustancias psicoactivas, como el cannabis. En contraste con enfoques que se centran en factores de riesgo patológicos, el enfoque salutogénico considera a los individuos en las primeras etapas del consumo como una población en riesgo y en situación de malestar, más que como individuos enfermos. Por lo tanto, no se enfoca en abordar factores patológicos, sino en las fuerzas saludables existentes dentro del individuo y la comunidad y en su fortalecimiento. Un programa de prevención efectivo basado en el enfoque salutogénico debería incluir:

- Desarrollo de habilidades personales, fortalecimiento de la autoestima y potenciación de recursos personales y comunitarios.

- Aumento de la capacidad del individuo para gestionar su vida y cambiar patrones de consumo nocivos.
- Concienciación sobre los peligros del consumo mediante campañas públicas, talleres comunitarios de prevención y terapia individual y grupal para poblaciones en riesgo.
- Evaluación continua de los programas de prevención y mejora basada en los resultados.

Las investigaciones muestran que la implementación a largo plazo del enfoque salutogénico puede cambiar actitudes hacia el consumo de sustancias en comunidades desfavorecidas, mejorar el control personal y desarrollar un sentido de control entre los participantes (Shagay, 2014). Programas de prevención basados en este enfoque se han implementado en diversos países, incluyendo Islandia, Países Bajos y California, con énfasis en talleres grupales para el desarrollo de habilidades sociales y personales, fortalecimiento de los lazos familiares, aumento de la motivación para el cambio e involucramiento de adolescentes en actividades proactivas dirigidas a mejorar su autoimagen y sentido de control sobre sus vidas. Los estudios han encontrado que los participantes en estos programas redujeron o detuvieron completamente el consumo, y aumentaron su sentido de eficacia y autoestima.

Sin embargo, a pesar de los esfuerzos de prevención realizados hasta ahora, informes y encuestas de los últimos años indican un aumento continuo del consumo de sustancias entre adolescentes, jóvenes y adultos (OMS, 2018). Estos datos sugieren que los procesos de prevención existentes solo están logrando objetivos modestos en la reducción del fenómeno, mientras que importantes desafíos continúan enfrentando a los responsables de formular políticas y a los profesionales del campo. Investigadores en prevención enfatizan que los programas efectivos deben basarse en conocimientos científicos comprobados, abordando específicamente los factores de riesgo y los factores de resiliencia, que son clave para enfrentar el problema del consumo de sustancias psicoactivas. Por lo tanto, es importante dar un peso significativo a estos factores al desarrollar nuevos programas de prevención para asegurar un afrontamiento más eficaz de los desafíos existentes.

Intervención comunitaria y trabajo callejero

En paralelo a los esfuerzos de prevención en el campo del consumo de sustancias, se lleva a cabo una actividad proactiva para abordar esta problemática mediante la identificación y acercamiento a personas que consumen sustancias psicoactivas, ya sea de forma ocasional o habitual, a través del trabajo callejero. El proceso de identificación y acercamiento comienza con el mapeo de áreas dentro de la comunidad donde pueden encontrarse personas en el continuo de la adicción, incluyendo calles, centros comerciales, parques, clubes y espacios en línea. El enfoque de trabajo de calle se basa en establecer una conexión interpersonal inicial positiva entre consejeros profesionales o guías sociales que trabajan en el campo del tratamiento de adicciones y posibles clientes en los lugares donde se encuentran. El enfoque de acercamiento se centra en crear una conexión personal que fortalezca la motivación intrínseca del individuo para el cambio. Esta conexión se basa en la escucha auténtica de las necesidades de la persona y un diálogo abierto, respetuoso y no coercitivo. Los consejeros utilizan el "lenguaje del cambio" para empoderar a adolescentes, jóvenes o adultos a comprometerse con el tratamiento de la adicción y superar barreras. Las actividades continuas de acercamiento, que implican una presencia constante de los profesionales y su accesibilidad, son una piedra angular para establecer conexiones interpersonales a largo plazo (Gibson, 2011). Como parte del proceso de acercamiento, se realiza educación pública sobre las características de las sustancias psicoactivas, los comportamientos adictivos y las consecuencias del consumo; se atienden necesidades concretas mediante asistencia instrumental y apoyo de emergencia, y se deriva a los clientes a marcos de tratamiento psicosocial y médico. Una intervención de acercamiento y vinculación, que no se centra en el tratamiento directo, puede por lo tanto servir como una herramienta importante para crear contacto con poblaciones que evitan buscar ayuda en centros de tratamiento de consumo de sustancias.

Sin embargo, debe enfatizarse que esta intervención carece actualmente de una metodología estructurada, y no se han realizado estudios de evaluación sistemáticos para valorar su efectividad en motivar a poblaciones a lo largo del continuo de la adicción a comprometerse con el tratamiento. Las características de la intervención dentro del enfoque de trabajo de calle y acercamiento varían de un lugar a otro. En algunos casos, la intervención la realizan guías sin formación significativa en la materia, mientras que en otros casos es implementada por profesionales capacitados. Esta situación resalta la necesidad de crear una metodología sistemática y estructurada, donde las etapas de acercamiento e identificación se definan de acuerdo con diferentes poblaciones objetivo. Deben desarrollarse herramientas y procesos prácticos para guiar a los guías y profesionales en su trabajo, los roles de los profesionales involucrados deben definirse claramente y deben realizarse estudios de evaluación para examinar la efectividad del enfoque de acercamiento. Estas acciones podrían establecer y fortalecer intervenciones informales y transformarlas en una herramienta significativa y efectiva para crear conexiones interpersonales y motivar a las poblaciones en el proceso de cambio personal.

Identificación, diagnóstico y construcción de un plan de intervención

La primera etapa en el tratamiento de una persona con adicción es el diagnóstico e identificación, que se realiza mediante el conocimiento interpersonal con el paciente. Esta etapa sirve de base para la construcción de un plan de intervención personalizado que se adapte a las necesidades únicas del individuo e incluya objetivos emocionales y conductuales acordados entre el terapeuta y el paciente. El proceso diagnóstico se basa en la evaluación que realiza el terapeuta de los factores que contribuyen al mantenimiento de la adicción, la gravedad del consumo y sus consecuencias en el estado fisiológico, mental y funcional del paciente. Esta evaluación incluye los siguientes componentes (Ichot y Smock, 2009):

- Evaluación del daño inmediato experimentado por el paciente, enfocándose en identificar peligros y proveer soluciones como ubicar al paciente en un entorno de vida seguro, reducir y prevenir la exposición a daños sexuales y físicos, orientar hacia un marco médico y brindar el apoyo instrumental necesario para el proceso continuo de rehabilitación.
- Análisis de los patrones de consumo de sustancias psicoactivas o comportamientos adictivos, incluyendo la frecuencia, extensión y compulsividad del impulso de consumo.
- Historia del consumo y su impacto en la vida del paciente.
- Evaluación de síntomas psiquiátricos que influyan en el consumo de sustancias.
- Condición general de salud del paciente.
- Antecedentes educativos y laborales.
- Existencia de una red de apoyo familiar y social.
- Identificación de fortalezas y recursos ocultos o visibles.
- Contexto cultural, patrones de crianza y nivel general de funcionamiento.

El proceso de evaluación se basa en la obtención de información auténtica y actualizada de diversas fuentes, incluyendo familiares, factores sociales, médicos y laborales, y marcos educativos. Además, este proceso enfatiza la identificación de problemas cotidianos y las expectativas del paciente respecto al tratamiento y su futuro (Ichot y Smock, 2009).

Herramientas psicobiológicas y psicosociales para el diagnóstico de los procesos adictivos

El proceso diagnóstico en el tratamiento de adicciones se basa en una variedad de herramientas diseñadas para evaluar la gravedad de la adicción y sus efectos en la vida del paciente.

- Autoinforme por parte del paciente: El paciente comparte información sobre sus patrones de consumo, frecuencia y características emocionales y fisiológicas asociadas.
- ASI (Indice de Severidad de la Adicción): Un cuestionario psicosocial central y de larga data que evalúa áreas como estado médico, laboral y legal, la naturaleza del consumo de drogas y alcohol, y el estado de las relaciones familiares y sociales (Mclellan et al., 1992).
- Assist: Una prueba de cribado preliminar diseñada para identificar niveles de consumo de alcohol y drogas y su impacto en la vida del paciente (OMS, 2010).
- SOGS (South Oaks Gambling Screen): Una herramienta diagnóstica para evaluar la gravedad del comportamiento de juego, enfocándose en los últimos tres meses o el último año (Lesieur y Blume, 1987).
- Imágenes cerebrales y observaciones: Herramientas biológicas que permiten monitorear los patrones de adicción y sus efectos en la actividad cerebral y el funcionamiento físico.

DSM-5: Una herramienta clave en el diagnóstico de la adicción

El DSM-5 (Manual Diagnóstico y Estadístico de los Trastornos Mentales) es una herramienta diagnóstica esencial en los procesos de diagnóstico de la adicción. Proporciona criterios claros para identificar la adicción a sustancias y los comportamientos adictivos y sirve como base central para desarrollar planes de tratamiento personalizados. Según el DSM-5, se define a una persona como con adicción a sustancias si cumple al menos tres de los siguientes seis criterios:

1. Fuertes ansias o un impulso compulsivo de consumir sustancias.
2. Dificultad para controlar la cantidad de sustancia consumida y el tiempo dedicado al consumo.
3. Síntomas físicos de abstinencia cuando la sustancia está ausente.
4. Desarrollo de tolerancia, necesitando mayores cantidades de la sustancia para lograr el mismo efecto.
5. Negligencia de actividades e intereses debido al consumo de sustancias.
6. Continuar consumiendo sustancias a pesar de ser consciente del daño que causan (American Psychiatric Association, DSM-5, 2013).

Para diagnosticar el trastorno por juego, se deben cumplir al menos cuatro de los siguientes nueve criterios:

1. Impulso a apostar sumas mayores para experimentar una sensación de euforia.
2. Uso del juego como forma de enfrentar el estrés, la ansiedad o la depresión.
3. Pensamientos frecuentes sobre el juego.
4. Dificultad para detener o reducir el comportamiento de juego.
5. Incremento de la inquietud al intentar reducir el juego.
6. Regreso al juego en un intento de recuperar pérdidas financieras.
7. Pérdida de conexiones sociales y familiares debido al juego.
8. Obtención de préstamos para afrontar dificultades financieras causadas por el juego.
9. Ocultamiento del comportamiento a personas cercanas.

El proceso diagnóstico en adicciones utiliza una variedad de herramientas integradas, que van desde cuestionarios psicosociales hasta herramientas biológicas como el escaneo cerebral, así como los criterios del DSM-5, que proporcionan un marco claro y estandarizado para el diagnóstico. Este enfoque multidisciplinario permite una comprensión integral y precisa de la adicción y sus efectos en el paciente, mejorando la adecuación del proceso de tratamiento a las necesidades del paciente.

Dilemas en el diagnóstico: La historia de Lisa

Lisa, una mujer de 26 años, entró al centro de tratamiento vacilante, como si no estuviera segura de estar en el lugar correcto. Había estado luchando con el consumo de sustancias durante varios años, pero su historia comenzó mucho antes; en su primera conversación con el terapeuta, describió una sensación de impotencia que la acompañaba desde los 18 años. "Sufro de dolores de cabeza constantes", dijo cansadamente, "y la ansiedad... siempre está ahí, esperándome."

Según ella, había probado todos los medicamentos posibles; algunos ayudaron un poco, pero ninguno solucionó el problema. Incluso manifestó enojo hacia el sistema médico que se suponía debía ayudarla. "El médico me dio parches de fentanilo hace un año y ayudó un poco, pero luego... todo se descontroló. Uso grandes cantidades y cuando intenté dejarlo —simplemente me derrumbé. Depresión, fatiga extrema, nada funcionó."

Lisa compartió que recientemente dejó su trabajo como profesional de marketing para productos tecnológicos y que no estaba segura de qué le depararía el futuro. Llegó al centro con la esperanza de encontrar respuestas. "¿Qué pueden ofrecerme?" preguntó casi suplicante.

"Comenzaremos con un proceso estructurado", explicó suavemente la terapeuta. "En la primera etapa, realizaremos una evaluación mediante cuestionarios que nos ayudarán a comprender su adicción, la gravedad del problema y los factores subyacentes. En la siguiente etapa, construiremos juntos un plan de intervención, con objetivos que creo que le ayudarán, como aliviar la ansiedad y reducir el uso de medicamentos."

La terapeuta hizo una pausa para asegurarse de que Lisa seguía sus palabras. "No puedo determinar cuánto tiempo tomará el proceso, pero esta podría ser una oportunidad para que aprenda a afrontar la situación de manera diferente. Recomiendo comenzar con la desintoxicación física del fentanilo y pedirle a su médico un medicamento alternativo para sus dolores de cabeza. La guiaré hacia un marco médico apropiado. Más adelante, como parte del tratamiento, realizaremos pruebas de monitoreo de drogas para ayudarle a mantener la 'limpieza'. ¿Qué piensa sobre este enfoque? ¿Estaría dispuesta a comenzar el proceso de tratamiento?"

Lisa guardó silencio un momento, perdida en sus pensamientos. "Sinceramente..." comenzó, buscando las palabras adecuadas, "no estoy segura de que esto sea lo correcto para mí. ¿Y todo eso de las pruebas de drogas? ¿Es que no puede confiar en mí?"

La terapeuta asintió con empatía. "Entiendo su preocupación", dijo. "Las pruebas no están destinadas a desconfiar de usted, sino a ayudarle a establecer límites para sí misma. Es parte del proceso que realizamos con la mayoría de los pacientes aquí para ayudarles a mantener estabilidad. Si tiene una recaída, podemos recomendar más desintoxicación y apoyarla en el camino. Espero que no sienta que esto refleja una falta de confianza en usted."

Lisa suspiró. "Lo pensaré," dijo finalmente. "Simplemente no estoy segura de que el tratamiento sea lo que necesito ahora… Le avisaré."

Se levantó y agradeció a la terapeuta, pero en su interior se gestaba una lucha entre su deseo de recuperar el control de su vida y el miedo a lo que ello le exigiría.

La Conversación Inicial entre Lisa y la Terapeuta plantea preguntas fundamentales sobre los métodos diagnóstico y de intervención que se ofrecen a los pacientes con adicciones que buscan tratamiento. Estas preguntas se centran principalmente en la tensión entre procesos diagnósticos estructurados y la necesidad de construir relaciones interpersonales y confianza entre terapeutas y pacientes:

- ¿Podría el proceso diagnóstico y de evaluación minar la disposición de los pacientes a buscar tratamiento?
- ¿Los métodos diagnósticos dificultan la formación de una conexión personal entre terapeuta y paciente?
- ¿El uso intensivo de herramientas diagnósticas psiquiátricas (DSM-5, 2013) dificulta que los terapeutas comprendan las características emocionales y conductuales de los pacientes?
- ¿Centrarse en identificar aspectos patológicos afecta la capacidad de los pacientes para reconocer sus fortalezas internas y su capacidad para afrontar sus dificultades?

En mi opinión, las respuestas a estas preguntas son afirmativas. Como ilustra la historia de Lisa, los procesos diagnósticos estructurados pueden a veces provocar resistencia al tratamiento y dificultar que los pacientes reconozcan sus recursos internos. Estudios realizados entre terapeutas de adicciones confirman que requerimientos como las pruebas de monitoreo de drogas y la participación en procesos diagnósticos prolongados pueden dificultar a veces el desarrollo de una relación terapéutica y de la alianza. Estas acciones pueden transmitir un mensaje impersonal al paciente en lugar de fomentar un sentido de ser valorado, importante y aceptado por el terapeuta tal como es (Shabi, 2023).

Tratamiento Médico para la Adicción

Desintoxicación Física de Drogas y Alcohol

El proceso de derivación para la desintoxicación física (détox) de sustancias psicoactivas es realizado por diversos profesionales, incluidos trabajadores de calle y alcance comunitario, médicos de familia y terapeutas en unidades ambulatorias de tratamiento de adicciones. La desintoxicación física está indicada para personas que buscan una abstinencia completa del consumo de sustancias pero no pueden lograrla por sí solas. La desintoxicación se lleva a cabo en instalaciones especializadas de internación que operan bajo el Ministerio de Salud. Este proceso dura varias semanas e incluye intervención médica y tratamiento farmacológico a corto plazo destinado a apoyar al paciente para afrontar los síntomas de abstinencia física y psicológica. Estos síntomas pueden incluir dolor físico, problemas gastrointestinales, sudoración, alteraciones del sueño, aumento de la frecuencia cardíaca y presión arterial, ansiedad y depresión. Estos síntomas pueden ser severos e intensos, a veces percibidos como más difíciles que las sensaciones experimentadas durante el consumo de sustancias. Por ello, la atención personalizada es fundamental para el éxito del proceso de desintoxicación (Wampold, 2009).

Intervención Médica

La intervención médica en el ámbito de las adicciones, diseñada para las etapas posteriores a la desintoxicación física, se adapta a las necesidades únicas del paciente y se centra en el diagnóstico, asesoramiento y tratamiento médico. Esta intervención incluye una evaluación inicial de los patrones de consumo del paciente, los tipos de sustancias previamente consumidas y sus efectos físicos y psicológicos. En base a esta evaluación, se brindan recomendaciones médicas respecto a las estrategias de tratamiento indicadas. El apoyo médico continuo incluye la administración de medicamentos como la metadona y Suboxone, que sirven como sustitutos a largo plazo de sustancias psicoactivas, ayudando a prevenir recaídas (Wampold, 2009). Además, se utilizan medicamentos como Selincro y naltrexona para reducir los antojos de sustancias psicoactivas y prevenir la recaída en la adicción. El proceso incluye pruebas periódicas, ajustes de dosis y monitoreo del progreso del paciente. Sin embargo, el tratamiento médico y farmacológico por sí solo es insuficiente para alcanzar la abstinencia o reducir el consumo de sustancias, ya que la adicción es un fenómeno complejo que requiere una respuesta multidisciplinaria (Straussner et al., 2014). Por tanto, es crucial integrar la terapia psicosocial en el proceso de tratamiento. La terapia psicosocial se enfoca en procesar los impulsos compulsivos, fortalecer el autocontrol y ayudar a los pacientes a modificar patrones emocionales y cognitivos asociados con la adicción, al tiempo que los apoya para mantener el cambio conductual.

En conclusión, la intervención médica en el tratamiento de adicciones es un componente esencial del proceso de rehabilitación. Sin embargo, debe formar parte de un enfoque integral que incorpore terapias emocionales, cognitivas y sociales. Solo mediante un enfoque multidisciplinario puede abordarse eficazmente la complejidad de la adicción, posibilitando un cambio a largo plazo en la vida del paciente.

Tratamiento Psicosocial para la Adicción

El Enfoque Motivacional: El Lenguaje del Cambio

Tras la conexión inicial con el paciente y el tratamiento físico y farmacológico de su adicción, el siguiente paso es motivar al paciente para que adopte el "lenguaje del cambio" respecto a la adicción. Este enfoque, desarrollado por Miller y Rollnick (Miller & Rollnick, 2002), se centra en potenciar la motivación interna del paciente y establecer procesos personales y funcionales de cambio mediante la toma de conciencia y el uso de recursos internos.

Las etapas del cambio incluyen:

1. Identificar emociones y pensamientos relacionados con el proceso de cambio, incluso cuando el problema aún no se reconoce plenamente.
2. Procesar la ambivalencia del paciente sobre el cambio y comprender el conflicto entre el deseo de cambiar y el miedo al cambio.

3. Organizar y tomar la decisión de iniciar el proceso de cambio.
4. Tomar medidas activas para modificar patrones de conducta y reducir el consumo de sustancias.
5. Mantener el cambio, afianzarlo y desarrollar una forma de vida independiente y saludable.

Crear una motivación interna estable se considera un factor crítico para transitar de una etapa a otra en el proceso de cambio (Miller & Rollnick, 2013). Adquirir e internalizar el lenguaje del cambio ayuda a los pacientes a experimentar crecimiento personal, afrontar los desafíos a lo largo del camino y sostener el cambio en el tiempo. No obstante, pese a su valiosa contribución, el enfoque motivacional no actúa de manera aislada. Debe integrarse con otros enfoques centrados en el cambio, incluida la Terapia Cognitivo-Conductual (TCC). La TCC puede ayudar a los pacientes a identificar y modificar pensamientos y emociones que impulsan patrones adictivos, a la vez que refuerza sentimientos adaptativos como la confianza y la seguridad en uno mismo.

En conclusión, el enfoque motivacional ofrece un marco efectivo para invitar a los pacientes que enfrentan adicciones a abrazar el cambio, empoderando sus fortalezas internas y fomentando la transformación conductual. Sin embargo, la combinación de este enfoque con procesos cognitivos y emocionales más profundos puede contribuir significativamente a remodelar patrones de pensamiento y comportamiento, ayudando al paciente a avanzar hacia una vida más independiente y saludable.

Terapia Cognitivo-Conductual (TCC) para las Adicciones

La Terapia Cognitivo-Conductual (TCC) es un enfoque complementario al marco motivacional y se considera uno de los métodos líderes y más efectivos en la psicoterapia para adicciones (Marom et al., 2011). Esta terapia se enfoca en identificar patrones dañinos, modificar pensamientos y conductas, y desarrollar habilidades para sostener el cambio en el tiempo. A menudo incorpora enfoques adicionales, como el Manejo de Contingencias, para potenciar la eficacia terapéutica. A continuación, se describen las etapas del tratamiento y los procesos clave involucrados:

1. Evaluación e Identificación del Problema: Comprender los patrones de consumo de sustancias en el pasado y presente; identificar los factores que impulsan la adicción, como los detonantes, pensamientos desadaptativos y estímulos para el consumo; y evaluar las consecuencias de la adicción en los aspcctos personales, sociales y de salud del individuo.
2. Desarrollo de Habilidades y Modificación de Patrones: Cambiar pensamientos, creencias y expectativas relacionadas con el consumo de sustancias; practicar habilidades para manejar el estrés y situaciones desafiantes; y adaptar el tratamiento a las necesidades individuales del paciente mediante el desarrollo de planes de acción personalizados.
3. Prevención de Recaídas y Mantenimiento del Cambio: Desarrollar estrategias para manejar

situaciones de riesgo; crear experiencias positivas que reemplacen el consumo de sustancias, como reconstruir relaciones sociales y familiares; monitorear el consumo y documentar el progreso a lo largo del proceso.

El enfoque de Gestión de Contingencias, también conocido como "economía de fichas", es una herramienta complementaria que promueve comportamientos positivos a través del refuerzo. Los pacientes son recompensados por sus avances, como abstenerse del consumo, con vales o premios. Este enfoque ha demostrado ser particularmente efectivo en las primeras etapas del tratamiento, aunque su impacto tiende a disminuir con el tiempo si no va acompañado de cambios cognitivos y emocionales profundos (Marom et al., 2011).

La Terapia Cognitivo-Conductual (TCC) es una herramienta eficaz para fomentar el cambio en personas que enfrentan la adicción. Sin embargo, por sí sola no es suficiente para lograr una reducción a largo plazo o la abstinencia del consumo de sustancias. Las personas en el espectro adictivo requieren un enfoque terapéutico holístico que aborde múltiples aspectos de sus vidas: transformación emocional, fomento de la iniciativa personal, capacidades para la resolución de problemas y fortalecimiento y reconstrucción de relaciones de apoyo. Una respuesta terapéutica integral que abarque todos los aspectos de la vida permite a las personas que lidian con la adicción no solo adaptarse a una realidad libre de sustancias, sino también establecer continuidad funcional y alcanzar un estilo de vida saludable y significativo.

Tratamiento para Poblaciones con Adicción al Juego

La intervención y tratamiento para poblaciones en el espectro de la adicción al juego, similar a las intervenciones para el consumo de sustancias, comienzan con un compromiso motivacional para animar al individuo a participar en el tratamiento, mientras se promueven simultáneamente procesos de cambio emocional y conductual. Estas intervenciones cognitivas y emocionales tienen como objetivo reducir comportamientos dañinos que son desadaptativos a su realidad, eliminar barreras para la participación en el tratamiento y reemplazar las conductas de juego con actividades positivas y adaptativas. Las intervenciones para personas con adicción al juego se centran en identificar los detonantes que contribuyen a estas conductas y practicar respuestas alternativas. El entrenamiento cognitivo para el control de impulsos, la modificación de patrones de toma de decisiones y actividades terapéuticas que se enfocan en cambiar los sesgos atencionales y patrones de pensamiento desadaptativos pueden capacitar a los pacientes para crear cambios significativos (Wiers et al., 2013). La estimulación cerebral no invasiva dirigida a la corteza prefrontal ha mostrado promesas para ayudar a las personas a regular sus sistemas neuronales, facilitando así cambios en los patrones de toma de decisiones relacionados con el juego. Dicha estimulación se realiza a menudo junto con terapia psicosocial.

La complejidad del tratamiento de la adicción al juego radica en la dificultad para identificar y llegar a esta población. Muchas personas creen que pueden dejar de jugar por sí solas, minimizan el daño personal, familiar y financiero causado por el juego y resisten recibir tratamiento junto con quienes luchan contra la adicción a sustancias. Abordar estos desafíos requiere un alcance proactivo, centros de tratamiento especializados en adicciones conductuales y la integración de métodos psicosociales con tratamientos farmacológicos, como la naltrexona o el bupropión (Zyban), que han mostrado eficacia en el tratamiento del comportamiento de juego (Wiers et al., 2013).

Enfoque de Reducción de Daños

El enfoque de Reducción de Daños se centra en minimizar los potenciales perjuicios asociados con el consumo de sustancias psicoactivas, en lugar de enfocarse estrictamente en prevenir o eliminar completamente el consumo. Los objetivos son reducir los riesgos personales y de salud asociados con el consumo prolongado de sustancias, mejorar el funcionamiento diario del individuo y establecer objetivos personalizados —ya sea reducir el consumo, continuar un uso controlado mientras se mejora la funcionalidad en otras áreas, o lograr la abstinencia total, según la elección del individuo. Este enfoque incorpora cambios conductuales graduales, como la orientación hacia tratamientos farmacológicos, para apoyar a las personas en su camino único hacia estilos de vida más saludables (Mata, 2021). La particularidad del enfoque de Reducción de Daños radica en encontrarse con los pacientes "donde están", tanto en términos de su disposición al cambio como de sus metas personales. El terapeuta asiste a los pacientes en la elección autónoma de sus objetivos de cambio, incluso si continúan con el consumo de sustancias (Lev-Ran et al., 2014).

Sin embargo, este enfoque puede dejar a algunos pacientes con sentimientos de auto decepción, angustia o inseguridad sobre su capacidad para reintegrarse a la sociedad. Por ello, es crucial un apoyo continuado en el proceso de recuperación, con énfasis en fortalecer la autoestima del paciente para lograr la rehabilitación cognitiva y conductual y la continuidad funcional.

Tratamiento para Poblaciones que Enfrentan la Adicción

Adolescentes

Los objetivos del tratamiento para adolescentes en el espectro adictivo se centran en proporcionar herramientas cognitivas y conductuales, fortalecer habilidades para la resolución de problemas y la autorregulación, mejorar la toma de decisiones, enseñar técnicas de relajación y fomentar la asertividad (Zimmer & Boni-Noah, 2014). Se pone un énfasis significativo en los esfuerzos de acercamiento y trabajo en la calle con adolescentes, así como en llevar a cabo parte del tratamiento formal en entornos comunitarios en lugar del exclusivismo en consultorios clínicos. El proceso terapéutico, que a menudo comienza en ambientes de calle, incluye brindar información inicial sobre problemas de consumo, consejería personal, apoyo instrumental y derivaciones médicas.

En etapas avanzadas, después de establecer una relación interpersonal significativa entre el terapeuta y el adolescente, se recomienda integrar al adolescente en un marco especializado de tratamiento de adicciones. El tratamiento de esta población requiere intervención familiar orientada a promover el apoyo familiar para el proceso de cambio e implementar un modelo eco-sistémico que analice las conexiones entre el adolescente, la escuela, el grupo de pares, el sistema legal y la familia. Este análisis de red, combinado con un plan de acción colaborativo que involucre a todas las partes relevantes, fortalece la confianza del adolescente en el sistema de tratamiento, el marco educativo y la familia, alentándolo a adoptar el lenguaje del cambio respecto al consumo de sustancias.

A pesar de estas estrategias, identificar a los adolescentes que consumen sustancias psicoactivas e integrarlos a programas de tratamiento sigue siendo un desafío. Muchos adolescentes perciben el tratamiento negativamente, creyendo que pueden manejar las dificultades por sí mismos y, por ello, evitan buscar ayuda. Un tratamiento efectivo para estos adolescentes requiere un alcance proactivo y una presencia consistente y prolongada en sus entornos. Una relación interpersonal de alta calidad entre el terapeuta y el adolescente en las etapas iniciales es clave para generar confianza, formar una alianza terapéutica y fomentar la motivación para el cambio. Además, desde el inicio, el tratamiento se enfoca en la resolución de problemas y en fortalecer las habilidades adaptativas de los adolescentes para apoyar su desarrollo integral y su proceso de recuperación.

Mujeres

La integración de las mujeres en el tratamiento de la adicción es un proceso complejo influenciado por diversos factores internos y externos. Por un lado, muchas mujeres cargan con un pesado bagaje de traumas, abusos, rechazo y sentimientos de humillación acumulados a lo largo de sus vidas, especialmente durante el periodo de consumo de sustancias. Además, muchas evitan buscar tratamiento debido a la vergüenza y al miedo, especialmente al temor de perder a sus hijos si se expone su situación. Estos factores crean barreras emocionales y cognitivas que les impiden pedir ayuda. Por otro lado, también existen factores de apoyo, como las redes familiares y sociales, y fortalezas internas ocultas, que pueden servir como anclas en el proceso de cambio (Thom, 2010). Asimismo, las presiones externas del sistema legal, la comunidad y la familia pueden incentivar a las mujeres a comenzar el tratamiento. Sin embargo, para que el tratamiento sea efectivo, se requiere un enfoque único y sensible, adaptado a las necesidades específicas de esta población. Las investigaciones subrayan la necesidad de proporcionar un tratamiento con perspectiva de género para mujeres — jóvenes, embarazadas y madres — que incluya una base segura (Apego Seguro) para fomentar la confianza entre el terapeuta y la paciente, aborde las experiencias traumáticas y vulnerabilidades que han moldeado sus vidas, y procese estas experiencias en un marco terapéutico, con énfasis en la conexión entre el consumo de sustancias y el abuso sexual (Gur, 2008). Muchas mujeres utilizan sustancias como una manera de sobrellevar traumas pasados o dificultades actuales, y algunas experimentan trauma como resultado de un uso prolongado de sustancias. Las vías de tratamiento para estas mujeres deben incluir la búsqueda activa e identificación en entornos comunitarios o espacios digitales donde se encuentren, así como terapia individual dedicada diseñada para fomentar la exposición emocional y procesar las experiencias traumáticas que contribuyeron a su entrada en el ciclo de la adicción o la prostitución. El tratamiento se centra en construir una conexión interpersonal positiva, abordando patrones de patologización y procesando historias de abuso físico y sexual, regulación emocional y experiencias emocionales correctivas que fomenten un sentido de empoderamiento y confianza en el proceso de cambio respecto al consumo de sustancias. Un tratamiento adaptado así puede ayudar a muchas mujeres a integrarse en el proceso y liberarse del ciclo de la adicción mientras fortalece su capacidad para enfrentar los desafíos futuros.

Inmigrantes

Las comunidades inmigrantes incluyen individuos que han dejado su país de origen y se han establecido en un nuevo país por diversas razones: el deseo de cambiar su forma de vida, situaciones de riesgo para la vida en su país de origen, el anhelo de mejorar su situación económica o la aspiración de vivir en su tierra natal. El proceso migratorio implica desafíos personales y sociales, incluyendo la separación de la familia y amigos en el país de origen, las dificultades inherentes a la migración y el reto de adaptarse e integrarse en el nuevo país. Muchos inmigrantes intentan mantener tradiciones y costumbres de su país natal para preservar un sentido de identidad y estabilidad. Sin embargo, la transición a un nuevo país a menudo conlleva dificultades sociales y familiares, como el desempleo, la soledad, conductas desviadas, conexión con grupos marginados y el consumo de sustancias. El tratamiento para poblaciones inmigrantes que luchan con la adicción requiere un enfoque único que tenga en cuenta su situación, dificultades y las brechas culturales que experimentan durante la adaptación. Los servicios de tratamiento deben ser flexibles y estar diseñados para satisfacer las necesidades de los inmigrantes, reconociendo las diferencias entre ellos y las poblaciones autóctonas. Los servicios deben reflejar una perspectiva culturalmente adaptada y basarse en estrategias y herramientas de evaluación que promuevan un tratamiento culturalmente sensible. Loue (2002) critica la visión unidimensional que frecuentemente se tiene de los grupos minoritarios afectados por la adicción, como los inmigrantes, quienes son retratados únicamente desde una óptica de problemas o deficiencias. Esta perspectiva conduce a que los inmigrantes no reciban el tratamiento adecuado. La solución para la dificultad de encontrar personal terapéutico idóneo es integrar terapeutas de diversas disciplinas que provengan de un trasfondo cultural similar al de los pacientes. Estos terapeutas, que hablan la lengua nativa de los pacientes y entienden el contexto cultural, pueden fortalecer el sentido de seguridad y autoestima de los pacientes. Sin embargo, es importante considerar los retos que implica la terapia con profesionales de pequeñas comunidades, en particular la preocupación por la confidencialidad del paciente. Las poblaciones inmigrantes que enfrentan la adicción experimentan importantes desafíos de adaptación en el nuevo país, soledad, estrés y a veces ira dirigida hacia sí mismas debido a la dificultad de adaptarse y dejar el consumo de sustancias. Tratar a este grupo requiere el uso de modelos de tratamiento adaptados y basados en la investigación, como la Terapia Cognitivo-Conductual (TCC), que ha demostrado ser efectiva en el tratamiento de adicciones. Es crucial evitar tratar a los grupos étnicos inmigrantes como una entidad monolítica y asegurar un tratamiento accesible que prevenga sentimientos de frustración e inseguridad. Los enfoques de tratamiento especializados aumentan el sentido de optimismo de los inmigrantes y su capacidad para integrarse en el nuevo país mientras gestionan sus desafíos adictivos de forma asertiva y productiva.

Tratamiento del Trauma y la Adicción

El trauma resultado de abusos sexuales o físicos es un factor central en el desarrollo de la adicción y trastornos de salud mental tanto en hombres como en mujeres (Mata, 2021). El tratamiento de pacientes que han experimentado trauma junto con adicción requiere un enfoque focalizado que enfatice la necesidad de crear un sentido de seguridad y protección para la paciente. Esto incluye una evaluación inicial de su estado y síntomas actuales, sin profundizar demasiado en los eventos traumáticos en esta etapa. Al mismo tiempo, el tratamiento busca ayudar al paciente a manejar síntomas emocionales y fisiológicos originados por el trauma. El tratamiento del trauma en poblaciones con adicción se centra en ofrecer un espacio seguro para que la paciente se exprese y comparta sus experiencias. Este proceso ayuda a reducir los síntomas gradualmente y fomenta el afrontamiento efectivo ante los retos del trauma y la adicción. Las investigaciones señalan la eficacia del tratamiento integrado que aborda simultáneamente el trauma y la adicción (Ehlrr & Clark, 2000). Este enfoque ha demostrado fortalecer al paciente relativamente rápido y contribuir al desarrollo de su sentido de capacidad y confianza en sí mismo. Uno de los modelos propuestos para tratar trauma y adicción es la terapia de Exposición Prolongada (PE), basada en confrontar al paciente con experiencias, recuerdos y pensamientos relacionados con el evento traumático. Esta terapia incentiva al paciente a enfrentar sus recuerdos traumáticos, procesarlos y explorar la conexión entre la memoria traumática y el consumo de sustancias. Este proceso permite al paciente desarrollar proactividad y transformar emociones desadaptativas en emociones fuertes y constructivas. Los estudios indican que la terapia de Exposición Prolongada es efectiva para reducir síntomas traumáticos y contribuye a una disminución del consumo de sustancias y medicamentos. Sin embargo, para algunos pacientes, esta terapia puede ser emocionalmente desafiante e intensa. En muchos casos, la terapia de trauma se realiza antes del tratamiento de la adicción. El tratamiento psicosocial, que también puede incluir medicación, apunta a fortalecer la capacidad de los pacientes para tomar el control de sus vidas en el presente. Se esfuerza por brindarles un sentido de autoestima y confianza en el terapeuta, que sirve como base para procesar los eventos traumáticos vividos, crear experiencias emocionales correctivas y motivarlos a abordar su problema de consumo de sustancias en la siguiente fase del tratamiento.

Tratamiento para Diagnóstico Dual

El tratamiento para poblaciones con diagnóstico dual (trastornos concurrentes de salud mental y consumo de sustancias) se centra en un enfoque integrado diseñado para tratar ambos trastornos simultáneamente (Van Wamel, 2015). Este tipo de tratamiento requiere un diagnóstico clínico claro del trastorno de salud mental y una comprensión profunda de la conexión entre el trastorno mental y la adicción, y cómo se influyen mutuamente. El tratamiento para personas con diagnóstico dual está incluido en los servicios de rehabilitación para pacientes de salud mental y ofrece una variedad de servicios:

- Apoyo psicosocial e interpersonal, incluyendo orientación, defensa y apoyo incondicional.
- Intervención farmacológica proporcionada en un solo lugar (Centro Integral).
- Métodos como la entrevista motivacional y programas de reducción de daños.
- Rehabilitación laboral (empleo protegido) que ayuda a construir un marco de vida estable.
- Enfoques cognitivo-conductuales para prevenir la recaída en el consumo de sustancias.
- Programas de vivienda como "Housing First".
- Tratamiento farmacéutico incluyendo naltrexona, metadona y naloxona.

Sin embargo, las poblaciones con diagnóstico dual a menudo "caen entre las grietas" del sistema de tratamiento. En la mayoría de los marcos psicosociales y médicos, el tratamiento se proporciona de manera fragmentada y no coordinada. Se necesita un enfoque integral e integrado (Centro Integral) para ofrecer un tratamiento coordinado y unificado. Una respuesta terapéutica emocional holística —que combine enfoques cognitivos y conductuales, explotación de derechos, servicios de rehabilitación y manejo de medicación psiquiátrica—ayudará a reducir las hospitalizaciones psiquiátricas, disminuir el consumo de sustancias y facilitar el proceso de rehabilitación de los pacientes, mejorando su calidad de vida general.

Terapia para Adicciones Conductuales

La investigación muestra consistentemente que los métodos utilizados para tratar los trastornos por uso de sustancias también son adecuados y efectivos para tratar a personas con adicciones conductuales, como el juego, la adicción a internet, los videojuegos y la adicción sexual (Ronzitti et al., 2017). Para estas poblaciones, las intervenciones que han demostrado ser efectivas incluyen:

- Terapia Cognitivo-Conductual (TCC): Abordar los patrones de pensamiento y comportamiento que conducen a la adicción.
- Entrevista Motivacional (EM): Fomentar la conciencia y el cambio de comportamiento.
- Práctica de respuestas alternativas: Cambiar la respuesta ante los estímulos que llevan al juego.

Otros tratamientos que han demostrado ser efectivos incluyen:

- Terapia psicológica centrada en creencias y patrones de pensamiento: Procesar creencias falsas sobre el comportamiento de juego, desafiar patrones de pensamiento mágico y trabajar con recuerdos selectivos.

- Estimulación Magnética Transcraneal (EMT): Un método innovador que utiliza una corriente eléctrica ligera para regular la actividad neural, lo que ayuda a reducir los impulsos impulsivos y fortalece la capacidad de demorar la gratificación (Ronzitti et al., 2017).
- Tratamiento farmacológico: Medicamentos como la naltrexona y el nalmefeno han demostrado reducir el impulso de jugar.

El tratamiento de personas con adicciones conductuales presenta desafíos en la identificación, ya que muchos evitan buscar ayuda debido a sentimientos de vergüenza y falta de confianza en su capacidad para cambiar. El sistema de tratamiento debe invertir esfuerzos en identificar a esta población y ofrecer un tratamiento dedicado y personalizado a sus necesidades únicas, con énfasis en la terapia psicosocial. Este tipo de tratamiento, basado en la construcción de una relación interpersonal entre terapeuta y paciente y en procesos de cambio emocional, fomenta la creencia y la autoeficacia respecto al cambio de patrones de comportamiento adictivo.

Terapia Familiar

La intervención terapéutica con la familia de una persona que lucha contra la adicción tiene como objetivo integrar a la familia en el proceso de rehabilitación, centrándose en fortalecer la capacidad del paciente para reducir o detener el consumo de sustancias (Tombs, 2015). En las primeras etapas de la intervención, la meta es construir narrativas familiares basadas en la creencia en la capacidad del paciente para realizar cambios, definir límites, jerarquías y roles dentro de la familia, y mejorar la comunicación entre sus miembros.

La intervención con la familia de una persona con adicción se basa en cuatro etapas (Tombs, 2015):

1. Etapa "Aleatoria": En esta etapa, hay hostilidad entre los miembros de la familia, junto con la negación de la gravedad del problema de la adicción.
2. Etapa de Conflictos Abiertos: Esta etapa se caracteriza por acusaciones entre familiares e intentos de influir en el terapeuta para que tome partido.
3. Etapa de "Control": En esta etapa, los familiares tienden a desafiar los límites establecidos por el terapeuta y confrontarlo respecto al proceso de intervención.
4. Etapa de Participación Activa: En esta etapa, la familia se involucra en el proceso de rehabilitación del paciente, fortaleciendo y apoyándolo.

La intervención familiar puede tener un impacto positivo significativo en el progreso del paciente. Sin embargo, debido a complejidades internas familiares, como conflictos financieros, violencia, dificultades en la crianza de hijos y crisis entre los padres que desvían la atención del paciente, a menudo no logra sus objetivos. Para que la intervención sea efectiva, debe ser limitada en el tiempo y llevada a cabo por un terapeuta calificado que pueda dirigir la conversación de manera enfocada. El objetivo es involucrar a la familia en el fortalecimiento del paciente y, al mismo tiempo, derivar a los familiares a otro terapeuta dedicado para un tratamiento complementario de los problemas familiares urgentes.

Terapia Grupal

Los grupos terapéuticos son una herramienta poderosa para promover cambios emocionales y conductuales en personas que enfrentan la adicción. Existen varios tipos de grupos terapéuticos, incluyendo grupos de tarea, grupos de autoayuda como N.A. y A.A., programas de 12 pasos, grupos educativos, grupos dirigidos a reducir la deserción en terapia, grupos para tratar la violencia y el consumo de sustancias, grupos para aumentar la motivación para dejar el consumo de sustancias, y grupos para prevenir recaídas.

Dirección de Grupos Terapéuticos

La investigación muestra que los grupos terapéuticos producen mejoras significativas en la condición de los pacientes. Promueven la motivación al cambio, alivian síntomas emocionales, mejoran la capacidad para crear relaciones interpersonales y aumentan la persistencia en la abstinencia de sustancias como drogas y alcohol (Miller y Rollnick, 2013; Yalom y Leszcz, 2019). La terapia grupal proporciona un marco de apoyo e inclusión para poblaciones que con frecuencia sufren aislamiento social. Permite a los pacientes construir conexiones interpersonales significativas. Recibir apoyo y retroalimentación valiosa de pares, procesar comportamientos dañinos de forma auténtica y obtener inspiración y esperanza al observar los procesos de recuperación de otros —estos son componentes de terapia efectivos en los grupos (Yalom y Leszcz, 2019):

- Aprendizaje interpersonal: adquirir herramientas y habilidades a través de las interacciones grupales.
- Altruismo: ayuda mutua entre los miembros del grupo.
- Observación de procesos: observar los cambios emocionales y conductuales de otros.
- Catarsis: liberación emocional y limpieza interior.
- Adquisición de percepciones: comprensión profunda de los patrones personales.
- Modelaje: aprendizaje mediante la observación de individuos que han cambiado con éxito patrones dañinos.
- Universalidad: reconocimiento de que los miembros del grupo comparten experiencias y sentimientos similares respecto al proceso de recuperación.

En el núcleo de la intervención grupal se encuentra la experiencia emocional correctiva, que surge de las relaciones interpersonales positivas creadas dentro del grupo. Estas relaciones permiten procesar experiencias pasadas y heridas que contribuyeron al problema de la adicción. El facilitador de un grupo de adicción debe guiar al grupo hacia la escucha mutua y la reflexión de sentimientos, ayudar a comprender el significado del discurso grupal, incentivar la exploración de emociones "aquí y ahora", presentar interpretaciones y percepciones sobre los cambios conductuales requeridos, y fomentar la confianza y el sentido de pertenencia entre los miembros del grupo. Sin embargo, el facilitador puede enfrentar desafíos al dirigir un grupo de personas con adicción, incluyendo dificultad para manejar conflictos entre miembros, diálogos dispersos que desvían la atención de los objetivos del grupo, falta de confianza entre algunos participantes respecto a la efectividad de la terapia y miedo a la violación de la privacidad que impide compartir información. Estos desafíos pueden abordarse reflejando los procesos grupales a los miembros, sosteniendo discusiones abiertas sobre las dificultades que impiden el progreso, involucrándose en el procesamiento emocional que fortalece la confianza, pertenencia y orgullo grupal, enfocándose en la resolución de problemas dentro del grupo y construyendo confianza y apoyo mutuo.

Grupos de Autoayuda: El Programa de 12 Pasos

Los grupos de autoayuda, como A.A. y N.A., generalmente operan sin intervención profesional. Su enfoque principal es la actividad conjunta y el desarrollo de conexiones interpersonales para hacer frente a la adicción. La suposición básica de estos grupos es que la adicción es una enfermedad y que deben promoverse el autocontrol y la abstinencia total de drogas y alcohol. Además, hacen énfasis en abandonar el deseo de controlar cosas fuera del control individual y centrarse en un poder superior (Dios) como fuente de control, libertad y felicidad, en lugar de depender de uno mismo (Chen, 2012). El Programa de 12 Pasos ofrece a las personas que luchan contra la adicción una oportunidad para buscar ayuda y aceptarse a sí mismas, tomar conciencia del trasfondo que llevó a su adicción, reconocer su responsabilidad personal en el problema y dar pasos prácticos hacia la recuperación (Ronel, 2020). Los estudios indican que el apoyo grupal, adquirir fe en un poder superior y liberarse del aislamiento social son factores clave que ayudan a los participantes en el programa de 12 pasos a manejar la adicción (Chen, 2012). La American Psychological Association (APA, 2017) encontró que los grupos de autoayuda reducen los efectos negativos del prejuicio, fortalecen los sentimientos de empoderamiento y capacidad personal, y brindan apoyo social a individuos que han experimentado aislamiento prolongado e inseguridad. Sin embargo, participar solo en grupos de autoayuda, sin tratamiento profesional complementario, puede dificultar que los participantes comprendan profundamente las fuentes de sus dificultades, afronten traumas personales y realicen cambios emocionales y cognitivos profundos. La combinación de grupos de autoayuda, terapia psicosocial y apoyo farmacológico puede producir los mejores resultados: fortalecer la confianza del paciente, mejorar su capacidad para adaptarse a la vida sin consumo de sustancias y asegurar la continuidad funcional a largo plazo.

Resumen: ¿Qué es un tratamiento efectivo para la adicción?

El éxito en el tratamiento de la adicción se mide por la reducción o cese del consumo de sustancias, así como por la resolución de problemas relacionados y el desarrollo de actitudes positivas hacia el consumo. El Instituto Nacional sobre el Abuso de Drogas (NIDA, 2018) enfatiza que un tratamiento efectivo requiere una combinación de atención médica y asesoramiento psicosocial individual y grupal, que debe estar disponible y ser accesible durante un período prolongado. Debe abordar las diversas necesidades del paciente, no solo la adicción en sí. El Instituto también recomienda realizar al menos dos seguimientos con el paciente después de finalizar el tratamiento, típicamente al cabo de seis meses o un año, para evaluar los resultados del tratamiento tanto en términos de la interacción del paciente con la comunidad en la que vive como desde la perspectiva de cómo percibe los cambios que ha atravesado a largo plazo.

Evaluar los resultados del tratamiento de la adicción presenta desafíos (Mignonn, 2014):

- La dificultad para identificar a los pacientes que han completado el tratamiento para evaluar la continuidad de los resultados.
- Distinguir entre los resultados del tratamiento en pacientes sin problemas adicionales y aquellos con condiciones comórbidas (adicción y enfermedad mental).
- Evaluar poblaciones con alta resiliencia mental frente a aquellas con baja resiliencia mental.

Por lo tanto, el tratamiento efectivo de la adicción debe basarse en evidencia proveniente de la investigación clínica, ofrecida de manera accesible e inmediata, realizado por un equipo multidisciplinario e incluir estrategias tempranas para prevenir la deserción del tratamiento. Se considera que tres meses es el tiempo mínimo requerido para lograr un cambio significativo. Existen barreras que dificultan la consecución del cambio, algunas relacionadas con el sistema de tratamiento y otras con los propios pacientes.

Estas incluyen las demandas financieras impuestas al paciente, programas de tratamiento que no se adaptan a sus necesidades, el temor al estigma social, la negación del problema de adicción, la creencia de que pueden recuperarse de manera independiente y la falta de una red social y familiar de apoyo.

A partir de la observación de los marcos de tratamiento presentados en este capítulo, parece que los resultados en el campo de la adicción siguen siendo moderados, y no existe un método de intervención psicosocial que haya demostrado de forma definitiva ser superior a otros para prevenir la deserción y alcanzar los objetivos del tratamiento. Esta situación refleja desafíos clínicos continuos, incluyendo dificultades en diagnosticar las características únicas de las personas con adicción y entenderlas, así como limitaciones en la implementación de métodos de tratamiento adaptados a sus necesidades personales, culturales y de género. Las diferencias en la aplicación de los programas de tratamiento y la ausencia de modelos personalizados dificultan el logro de los objetivos terapéuticos en el campo de la adicción y subrayan la necesidad de herramientas terapéuticas adicionales que se enfoquen en las relaciones interpersonales y los aspectos emocionales. La terapia interpersonal y la actividad focalizada en las emociones —que incluyen procesos de conciencia emocional, regulación emocional, reflexión y transformación emocional— pueden servir como herramientas valiosas para fortalecer la motivación de cambio, el sentido de competencia y el control sobre los problemas relacionados con el consumo de sustancias (Shabi, 2024). Estos enfoques, que se presentarán en los capítulos siguientes, están especialmente diseñados para asistir a poblaciones que experimentan marginación, dificultad y malestar.

> "Un paciente progresará hacia el cambio si está atento y consciente de sus experiencias internas, y si se siente completamente libre y abierto para expresar plenamente esas experiencias y sentimientos" (Carl Rogers)

3

TERAPIA INTERPERSONAL PARA LA ADICCIÓN: PASO A PASO

"No hay buena razón para no crecer y cambiar hasta el último día de nuestras vidas" (Karen Horney).

Alianza Terapéutica

Carl Rogers (1957), el padre de la psicología humanista, planteó varias preguntas fundamentales sobre cómo ayudar a las personas a realizar su potencial y alcanzar el bienestar psicológico. Estas preguntas incluían: ¿Cómo podemos sanar a poblaciones que enfrentan dificultad y malestar? ¿Cómo podemos fomentar el cambio en la vida de las personas? ¿Y cuál es el significado de la relación entre terapeuta y cliente para potenciar la capacidad del cliente de crecimiento y desarrollo?

La conclusión de Rogers, basada en su investigación, fue que una relación terapéutica caracterizada por la empatía, el apoyo incondicional, la contención, el empoderamiento y la honestidad podía servir como la base principal para motivar a las personas a enfrentar sus desafíos, producir cambios y cumplir su potencial (Rogers, 1957). Una relación estrecha, positiva y confiable entre terapeuta y cliente —que ofrece al cliente una base segura que tal vez haya carecido durante muchos años— es, por lo tanto, la piedra angular de un proceso terapéutico dirigido a promover el cambio personal (Rogers, 1962). A lo largo de este proceso, el terapeuta identifica las fortalezas, la resiliencia y las capacidades del cliente, las cuales pueden reemplazar los sentimientos de alienación y pesimismo que con frecuencia dominan su vida (Yalom, 2002). En el caso de la adicción, el proceso terapéutico se centra en fomentar la motivación del cliente para realizar cambios personales y profundizar su conciencia sobre los factores que hasta ahora le han impedido lograrlo (Connors et al., 2013; Prochaska et al., 1992).

En un proceso terapéutico orientado a la recuperación de la adicción, el cliente desempeña un papel activo en la construcción del marco de tratamiento: definiendo metas, identificando desafíos anticipados —como dificultades para expresar emociones, regulación emocional, manejo de síntomas de abstinencia física y emocional, y gestión de situaciones de recaída— formulando estrategias de afrontamiento y fortaleciendo su sentido de autoeficacia (Miller y Rollnick, 2013). Diseñar un marco mutuamente acordado entre el terapeuta y el cliente, que describa cómo se logrará el cambio emocional y conductual, constituye el primer y significativo paso en el proceso terapéutico, como se ilustra en la conversación terapéutica con Bob.

Bob, un hombre de 36 años, se hunde pesadamente en la silla de terapia, sus ojos se desplazan inquietos entre el escritorio de la terapeuta y la pequeña ventana que da a un patio interior gris. Es su primera vez buscando terapia tras años de adicción a la cocaína.

"La sustancia me ayuda a sobrellevarlo," comienza con un tono tranquilo, casi de disculpa. *"He cargado con esta tristeza durante años, y a veces... es como si me diera un empujón. Me siento más energizado, vivo por un momento."*

Bob vive solo en un pequeño apartamento y mantiene conexiones sociales mínimas, si es que las tiene. Según él, realmente no cree que algo pueda ayudarle. *"Mi madre me presionó para que viniera,"* dice. *"Ella no paraba de insistir hasta que acepté."*

La terapeuta intenta explicarle a Bob el significado de la terapia. *"Lo veo como una especie de viaje compartido,"* dice. *"El objetivo no es solo enfrentar las dificultades, sino también sanar, descubrir cosas nuevas sobre ti.* Creo que la relación entre nosotros puede ayudarte a sobrellevar mejor la tristeza y la melancolía que te acompañan."

Bob levanta la mirada, con escepticismo evidente en su expresión. "¿De verdad crees que eso es posible?" pregunta.

"Tu ambivalencia sobre este proceso es comprensible," responde ella. "Creo en tu capacidad para cambiar, y estaré aquí contigo en cada paso, escuchándote y apoyándote. Pero también necesito tu presencia, tu disposición para intentarlo."

Bob baja la mirada. "No sé," dice. "No creo en mí... Estos objetivos me parecen imposibles. Tendré que pensarlo."

Dos días después, sonó el teléfono en el consultorio de la terapeuta. "Es Bob," dijo al otro lado de la línea. "He pensado en lo que me dijiste. Quizá... quizá algo bueno podría suceder al final."

El proceso terapéutico orientado a cambiar patrones de adicción presenta desafíos únicos para los terapeutas, especialmente cuando trabajan con clientes que luchan por formar una alianza terapéutica debido a una pérdida de confianza en las personas y en el concepto mismo de terapia. Experiencias prolongadas de rechazo y falta de apoyo a lo largo de los años profundizan su escepticismo sobre la efectividad de la terapia para generar cambios (Timulak, 2017). Otro desafío radica en la dificultad que enfrentan los clientes para establecer una base segura con el terapeuta. A menudo se preguntan si el terapeuta los apoyará, estará atento a sus necesidades y mantendrá una presencia constante. Estas preocupaciones tienen su origen en experiencias traumáticas de soledad emocional, privación y daño en las relaciones interpersonales, tanto pasadas como presentes (Shaver et al., 2005). Para abordar estos desafíos, los terapeutas deben explorar las intentos previos del cliente en terapia desde el inicio de la relación para comprender por qué no lograron sus objetivos deseados. También es crucial introducir al cliente en el marco interpersonal focalizado en las emociones que guiará el proceso terapéutico y aclarar la importancia del cambio emocional para posibilitar el cambio conductual (Greenberg, 2017). El mensaje central que el terapeuta debe transmitir al cliente es uno de aceptación incondicional, entregado con una actitud positiva y genuino cuidado (Connors, 2013; Furrow et al., 2022). Garantizar una base segura y reforzar la confianza del cliente en el terapeuta y en el proceso son principios fundamentales para un proceso terapéutico efectivo. Al mismo tiempo, es esencial abordar las emociones vinculadas a la duda de uno mismo, la ira y la ansiedad, particularmente ante la incertidumbre inherente al proceso. A través de la reflexión y el reflejo emocional, los clientes pueden obtener una visión de los patrones emocionales que experimentan en el presente —como sentimientos de soledad y desesperanza— y desarrollar la disposición para afrontar las dificultades emocionales que surgirán durante el camino, incluyendo los retos de la abstinencia de sustancias.

Otro principio fundamental es adaptar los caminos hacia el cambio a las necesidades específicas del cliente, reconociendo que el proceso terapéutico no es lineal. Puede incluir giros, obstáculos, momentos de avance e incluso sensación de estancamiento (Prochaska et al., 1992). El proceso compartido y el compromiso mutuo entre terapeuta y cliente son claves para fomentar un cambio genuino (Shaver et al., 2005), como ilustra la historia de David.

David, quien ha luchado con la adicción a la heroína durante muchos años, inicia terapia tras abandonar cuatro programas de tratamiento previos. "Simplemente no tengo paciencia para toda la idea de la terapia," dice sinceramente en su primera sesión con la terapeuta.
Su desconfianza es evidente, pero la terapeuta se centra en crear una conexión abierta y sincera. "Entiendo que te cuesta confiar, y la terapia es realmente compleja y no siempre sencilla", dice ella. "Pero no estoy aquí para imponerte nada. Estoy aquí para trabajar contigo. Juntos trataremos de descubrir qué te está frenando, qué hace difícil dar el primer paso".
David levanta la mirada por un momento, reflexionando.

"Mira", dice, "después de todo lo que he intentado, simplemente no creo que la terapia pueda ayudarme. Principalmente estoy aquí por la presión del tribunal. No quiero volver a la cárcel. Pero, honestamente, ¿sabes? Soy una persona cerrada. Tengo dificultades con las relaciones —conmigo mismo, con otros clientes en quienes no confío y con los terapeutas. Todo eso requiere un esfuerzo que simplemente no tengo la energía para hacer".

La terapeuta guarda silencio unos momentos antes de decir: "Te escucho, pero también percibo otra cosa entre tus palabras. Dices que viniste aquí por el tribunal, pero me pregunto si hay una pequeña parte de ti, aunque sea diminuta, que piensa que quizá—solo quizá—el cambio es posible".

David suelta una risa amarga. "¿Yo? ¿Cambiar? Mira mi vida", dice, sacudiendo la cabeza.

"Sé que tu situación es difícil y que has enfrentado fracasos en el pasado", responde la terapeuta con suavidad. "Pero veo algo diferente en ti. Quizá sea esa voz que te trajo a esta sesión a pesar de todo. Empecemos con un pequeño paso—solo uno. No necesitamos pensar en todo el camino ahora mismo. Estoy aquí y podemos enfrentar esto juntos, a tu ritmo. Tengo mucho optimismo sobre ti".

David examina el rostro de la terapeuta, tratando de medir la sinceridad en sus palabras. Finalmente, se recuesta con los brazos cruzados y dice en voz baja: "Quizá. No prometo nada, pero quizá esté dispuesto a intentarlo".

"Eso es suficiente para mí", dice la terapeuta con una sonrisa. "Un pequeño paso. Juntos".

Construir una alianza terapéutica, como intentó hacer la terapeuta de David, sirve como una fuente central de fortaleza para impulsar un recorrido terapéutico interpersonal. La participación de David en el proceso se basó en los mensajes claros de la terapeuta: compromiso inquebrantable con el recorrido, apoyo incondicional y optimismo genuino sobre su capacidad para tener éxito, lograr un cambio emocional y recuperarse de la adicción. Un paso crítico para avanzar en el proceso terapéutico, especialmente en el campo de la adicción, implica explorar la ambivalencia del cliente respecto al cambio. Esto requiere una evaluación minuciosa y reflexión sobre los argumentos a favor y en contra del cambio. Al inicio del recorrido, no es necesario abrumar al cliente con objetivos concretos extensos. En cambio, el enfoque debe estar en metas generales que refuercen la autoestima y la confianza del cliente (Naar y Safren, 2017; Magill et al., 2018). Al mismo tiempo, es fundamental fomentar expectativas positivas e infundir esperanza, sentando las bases para un cambio eventual (Greenberg et al., 1996; Degnan et al., 2014). El recorrido terapéutico se fundamenta en principios de apoyo incondicional, escucha empática y contención (Yalom, 2002; Bowlby, 1988). Estos principios son especialmente significativos para clientes en gran angustia, como quienes sufren adicción, pues les brindan un sentido de confianza en su capacidad para enfrentar desafíos. El apoyo ofrecido por la terapeuta, junto con los procesos de cambio emocional y conductual, permite al cliente visualizar la meta en el horizonte: salud e independencia. La forma en que los clientes evalúan su recorrido terapéutico, orientado hacia el cambio y la recuperación de la adicción, depende de la profundidad de su experiencia: hasta qué punto se les infundió confianza y esperanza, el vínculo formado con la terapeuta y la sensación de no estar solos. Esto se refleja en la historia de Sarah.

Sarah se sienta en la sesión final con su terapeuta, con los ojos brillantes. "Este viaje nunca terminará realmente para mí", dice. "Sé que es una lucha personal constante preservar todo lo que he trabajado tan duro para lograr." Según ella, tras años de adicción a medicamentos recetados, el proceso terapéutico no solo le dio herramientas para sobrellevarlo, sino también un sentido de confianza y creencia en sí misma. Enfatiza que su capacidad para soportar el recorrido terapéutico estuvo directamente ligada al vínculo interpersonal que se desarrolló entre ella y su terapeuta. "Tú fuiste mi ancla, mi apoyo", añade.

Desde el primer día, la terapeuta compartió cada detalle del marco terapéutico con Sarah. No hubo sensación de ocultamiento ni distancia: todo fue abierto y claro. "Me apoyaste, me entendiste y me cuidaste sin límites", describe Sarah con gratitud.

A pesar de los altibajos durante la difícil lucha por dejar de usar medicamentos, hubo algo que Sarah siempre supo con certeza: no estaba sola. "Había alguien que me aceptaba tal como soy, alguien que estuvo conmigo en cada paso del camino. No estaba sola en este viaje, y eso fue lo que me dio la fuerza para seguir adelante."

En conclusión, una relación auténtica entre terapeuta y cliente, que integre empatía, aceptación, apoyo y honestidad, es piedra angular del recorrido terapéutico. Cuando la terapeuta expone las características del recorrido y sus complejidades, mientras enfatiza la libertad del cliente para elegir si participar en el proceso de cambio emocional y conductual, fortalece el sentido de optimismo y la creencia en su capacidad para triunfar y lograr la sanación y transformación (Degnan et al., 2014). La capacidad de un individuo para completar exitosamente el recorrido terapéutico frente a la adicción depende en gran medida de su aptitud para superar las barreras personales y sociales en su camino. Un tratamiento sensible e informado permite al cliente eliminar con cuidado esas barreras y avanzar hacia la autorrealización y recuperación—sobre esto hablaremos más en la próxima sección.

> "La capacidad de alcanzar una buena vida no es un estado estático sino un viaje compartido entre terapeuta y cliente, un proceso de elección entre posibilidades y el avanzar—el recorrido terapéutico es la dirección, no el destino" (Carl Rogers).

Un mapa centrado en las emociones

> "Lo que se requiere para posibilitar cambio y crecimiento en un cliente es un cambio en su autoconciencia" (Maslow).

"No sé cómo volvió a pasar", dice Paul frustrado. "Simplemente me siento atraído como si no tuviera control." Durante los últimos cinco años, Paul ha estado luchando con su adicción a los juegos de azar en línea. En los últimos dos años, su situación ha empeorado y ha perdido sumas alarmantes de dinero. "No es solo el dinero", añade. "Es la ira hacia mí mismo, hacia el hecho de que no aprendo la lección. No puedo entender por qué no puedo controlarlo. Hay algún tipo de barrera en mí que no logro comprender."

La terapeuta escucha a Paul con empatía, y Paul concluye en un susurro, "Estoy desesperanzado. No veo cómo algo pueda cambiar. No tengo futuro."

En su libro On Becoming a Person, Rogers describe la importancia de extender una mano amiga a individuos que enfrentan barreras personales, emocionales, familiares y sociales—como las que describe Paul—que a menudo derivan de sentimientos de ansiedad, depresión, vergüenza y tristeza tras experiencias traumáticas como abuso, rechazo, negligencia y humillación (Rogers, 1951). Estas barreras impiden que los clientes logren un funcionamiento pleno, realicen su potencial y alcancen una vida satisfactoria (Rogers, 1961). Para ayudar a los clientes a superar estos obstáculos, Rogers presenta una especie de "mapa" para la terapia. Este mapa se basa en acciones interpersonales centradas en las emociones, dirigidas a profundizar la conciencia del cliente sobre las raíces de sus conflictos. Incluye una atención cuidadosa a sus necesidades, aceptación de sus emociones y experiencias complejas, y una actitud inquebrantable de empatía, calidez, cuidado y aceptación (Rogers, 1951).Rogers enfatiza que el cambio emocional y funcional surge de relaciones terapéuticas caracterizadas por la autenticidad, la presencia constante de la terapeuta en la vida del cliente, el fortalecimiento de su autoestima y una profunda comprensión de sus necesidades (Rogers, 1961). Este enfoque se ejemplifica prácticamente en una conversación terapéutica con Robert.

No es la primera vez que Robert busca terapia, pero es la primera vez que viene voluntariamente, sin presiones externas. Robert, de 35 años, ha consumido cocaína intermitentemente durante los últimos doce años. En el pasado, su familia lo obligó a participar en un programa de desintoxicación física y luego en terapia psicosocial, pero no pudo sostener ninguno de los dos.

Ahora, sentado frente a la terapeuta, su expresión refleja agotamiento. "Quiero darme una oportunidad para cambiar", dice. "He tenido algunos ataques de pánico en los últimos dos años, y realmente me asustaron. Probé medicación, pero no ayudó mucho. Hace unos meses decidí dejar la cocaína porque pensé que me causaba la ansiedad. En cambio, empecé a usar cannabis, pero tampoco me está ayudando. Me siento deprimido... No sé qué hacer."

La terapeuta le permite expresar sus sentimientos sin interrupción. Cuando termina, dice suavemente, "Escucho tu tristeza y la desesperanza que sientes, pero también veo que estás aquí, hablando, compartiendo y tratando de entender lo que te sucede. Tienes un deseo genuino y fuerza interior para enfrentar lo que te frena, ¿verdad?"

"Sí, quizá", responde Robert pensativamente. "Realmente estoy intentando, pero... sigo preguntándome si es en vano. Tengo tantos problemas que ni sé por dónde empezar. Y estos ataques de pánico..." Hace una pausa y respira profundo. "Son la peor sensación del mundo."

La terapeuta asiente. "Entiendo lo difícil que es luchar contra la adicción durante tantos años," dice empáticamente. "Me gustaría que trabajáramos juntos para entender qué te está bloqueando para dejar el consumo de sustancias y qué está causando la ansiedad que estás experimentando. Sé que estás en un profundo sufrimiento ahora mismo, pero estoy aquí para acompañarte en este camino, mano a mano. Tienes fuerza de voluntad, Robert, y creo en tu capacidad de cambiar. Soy optimista. Con el apoyo adecuado, realmente creo que puedes sentirte mejor."

La expresión de Robert se suaviza. Aunque no está completamente seguro de lo que cree en este momento, algo en sus palabras lo toca, quizás incluso enciende una pequeña chispa de esperanza.

Las acciones de la terapeuta, orientadas a ayudar a Robert a eliminar obstáculos y facilitar su camino terapéutico, reflejan el enfoque humanista. Este enfoque, centrado en la escucha empática, el apoyo incondicional y la honestidad, puede representar un avance significativo tanto para profundizar la conciencia de Robert sobre las raíces de sus dificultades como para desarrollar su autoeficacia para iniciar el cambio. No obstante, el enfoque humanista ha enfrentado críticas a lo largo de los años. Los críticos han cuestionado si sus herramientas centrales—empatía, apoyo incondicional y autenticidad—son suficientes para procesar los conflictos intrapersonales y lograr un cambio significativo, especialmente entre poblaciones que experimentan un sufrimiento intenso (Wachtel, 1993; Timulak y Mcelvaney, 2018). Diversos estudios han abordado esta crítica enfatizando la necesidad de ampliar el enfoque humanista a través de una exploración psicológica más profunda y dinámica. Esta exploración se centra en procesar factores tempranos que contribuyen a la ansiedad y al trauma—características comunes en individuos dentro del espectro de la adicción (Wachtel, 1993). Otros estudios han destacado la efectividad de métodos desarrollados desde el enfoque humanista, como la Terapia Focalizada en las Emociones (EFT), para abordar conflictos intrapersonales, ansiedad y trauma (Johnson, 2019; Greenman y Johnson, 2013). Técnicas como la indagación emocional, la reflexión, el espejo emocional y el fortalecimiento de la capacidad del cliente para expresar emociones al terapeuta ayudan al cliente a comprender las raíces de sus sentimientos, identificar factores que contribuyen a su trauma y fomentar un proceso de transformación (Johnson, 2019; Greenman y Johnson, 2013). En las etapas avanzadas de la Terapia Focalizada en las Emociones, es posible lograr una transformación significativa de emociones como la ansiedad y la depresión, convirtiéndolas en sentimientos de seguridad y control. Este cambio puede proporcionar a los clientes un sentido de resiliencia y capacidad, permitiéndoles superar barreras conductuales y conduciendo en última instancia a cambios significativos en sus patrones de adicción.

En conclusión, la eliminación de las barreras para la recuperación de la adicción y el logro de una transformación personal, según lo propuesto por la psicología humanista y la Terapia Focalizada en las Emociones, se basa en relaciones cercanas entre el terapeuta y el cliente. Estas relaciones se caracterizan por la empatía inquebrantable del terapeuta, el apoyo incondicional a las fortalezas y capacidades del cliente para cambiar, y una presencia constante y significativa en la vida del cliente (Shabi, 2022; Greenberg, 2015). El terapeuta y la calidad de la conexión que establece con el cliente juegan un papel único y significativo en el impulso del proceso de cambio. Esta conexión permite al cliente obtener profundas percepciones sobre emociones desadaptativas, como la ira y la inseguridad, y aprender a regularlas. Con el tiempo, este proceso puede llevar a la transformación de estas emociones en sentimientos fortalecedores de capacidad y fortaleza (Greenberg, 2017). Estos cambios contribuyen a abordar eficazmente las barreras fundamentales en la vida del cliente, tanto personales como funcionales. Entre otras cosas, ayudan a reducir o cesar el consumo de sustancias y a promover la adaptación social (Shabi, 2024). Sobre el tema del apoyo incondicional, que es una de las herramientas más centrales e impactantes para eliminar las barreras personales en personas que luchan contra la adicción, profundizaremos en la siguiente sección.

Apoyo Incondicional

Jeff, un hombre soltero de 33 años, entra en la sala de terapia cojeando pronunciadamente, con una expresión que revela tristeza y agotamiento. "No sé cómo puede cambiar algo," dice. "Solo estoy aquí porque me dijeron que tal vez podrías ayudarme a encontrar trabajo." Jeff ha estado luchando contra una adicción a las anfetaminas durante nueve años. "Lo necesito como el aire para respirar," suspira, "es lo único que me hace sentir... que estoy vivo." Una lesión grave dejó a Jeff discapacitado, dependiente de una prestación por discapacidad del Instituto Nacional de Seguros. Su relación con su familia es frágil y le cuesta creer que pueda hacer cambios en su vida. Jeff ha buscado terapia para obtener ayuda en su integración a un empleo con apoyo.

¿Cómo podemos ayudar a personas como Jeff, que viven en un mundo cerrado, experimentan tristeza y desesperación, y no creen en sí mismos? Rogers consideraba el proceso de aceptación y apoyo incondicional como un principio fundamental que permite a una persona sentirse amada, importante y deseada. Esto ayuda a aliviar la experiencia de soledad y desesperanza que acompaña su vida y fomenta una conexión significativa entre ellos y el terapeuta (Rogers, 1951). Sobre esta perspectiva se desarrolló el enfoque centrado en la persona, que enfatiza la importancia de la aceptación, el apoyo y la contención, especialmente para poblaciones que enfrentan un sufrimiento intenso (Greenberg, 2010).El lenguaje del apoyo incondicional se basa en la consideración positiva y el apoyo a los esfuerzos que el paciente realiza a lo largo del tiempo para cambiar (Prochaska et al., 1992). El diálogo interpersonal centrado en la persona busca proporcionar una base segura que permita a los pacientes expresar sus sentimientos abiertamente, con el entendimiento de que sus necesidades emocionales—como sentimientos de vergüenza y desesperación—son reconocidas y aceptadas. Estas acciones ayudan a los pacientes a liberarse de sentimientos de culpa y malestar hacia sí mismos, tanto a corto como a largo plazo (Rogers, 1957, 1995). El poder del apoyo incondicional puede restaurar el sentido de autoestima y la confianza en uno mismo después de años de privación de ese apoyo (Oxley, 2011).

En el lenguaje de la aceptación y el apoyo positivo, se lleva a cabo una retroalimentación atenta y reflejo de las palabras del paciente (Greenberg, 2004). Escuchar y reflejar a veces implica repetir literalmente las palabras del paciente, con el objetivo de resaltar sus fortalezas y aumentar su conciencia sobre sus habilidades personales. Un reflejo más complejo, como "predecir el siguiente movimiento", permite al terapeuta procesar e interpretar palabras y frases que el paciente no expresó explícitamente, con énfasis en identificar el potencial de cambio, asertividad e independencia (Connors, 2013). La reflexión óptima depende de qué tan bien el paciente comprende y se conecta con los mensajes del terapeuta y cuánto expresa emociones, reflexiona sobre ellas y examina sus fuentes (Johnson y Campbell, 2022). El apoyo positivo también es crucial frente a desafíos como la recaída en el consumo de sustancias y dificultades funcionales, laborales o sociales. Un terapeuta que refuerza la honestidad del paciente, sus esfuerzos para reducir el consumo y la perseverancia en la terapia fomenta que el paciente crea en su capacidad de cambiar y adaptarse a una vida normativa (Shabi, 2024). Además, el apoyo al paciente debe ser un proceso continuo: en cada sesión terapéutica es esencial expresar repetidamente un genuino reconocimiento por sus intentos de cambio (Yalom, 2019). La conversación entre Sandra y su terapeuta ejemplifica el lenguaje del apoyo incondicional.

Sandra entra a la sala de terapia y se sienta pesadamente frente a la terapeuta. "Me siento deprimida," dice. "Todos mis intentos por dejar de apostar han fracasado. Lo intento todo: no llevo el teléfono, me desconecto de la computadora, incluso evito las casas de lotería. Nada funciona. Sigo volviendo, una y otra vez, como si fuera una posesión. Realmente estoy sufriendo."

"Escucho tu dolor," responde la terapeuta suavemente.

"Estás poniendo mucho esfuerzo para parar, pero te sientes estancada. Estás enfrentándolo sola, sin el apoyo de tu familia, y con deudas financieras que te agobian. Esto es un gran dolor, y estoy aquí para escucharte."

Sandra asiente, con lágrimas acumulándose en sus ojos. "Exactamente," susurra. "Estoy en completa depresión, confundida, sin rumbo. Hubo momentos en que dejé de apostar y trabajé como secretaria. Parecía que todo estaba encajando, pero fue solo por un tiempo corto. Todo el dinero que ganaba volvía a las apuestas, y mi relación con los niños se ha roto completamente. Creo que... hay algo dentro de mí que simplemente no está bien."

La terapeuta mira a Sandra con empatía y ánimo. "Realmente aprecio tu honestidad y tu apertura," dice. "No es fácil admitir todo esto, pero el hecho de que estés aquí muestra una fortaleza inmensa. También escucho que en ciertos períodos lograste cambiar tu vida, tomar buenas decisiones para ti y mostrar capacidad y potencial. No hay razón para que eso no pueda suceder nuevamente." Sandra levanta la mirada con cautela. Las palabras de la terapeuta penetran lentamente el velo de desesperación que la rodea. "Estoy aquí contigo," continúa la terapeuta. "Juntas intentaremos entender los factores detrás de la adicción y qué es lo que te dificulta dejarla. Consideraremos cómo romper el hielo con tus hijos y reconstruir tu relación con ellos. Los niños pueden ser un factor significativo y significativo en tu camino hacia el cambio. Creo en ti y en tu fortaleza, Sandra. No estás sola en este viaje."

La integración del apoyo incondicional para Sandra, así como para otros pacientes, tiene como objetivo principal infundirle optimismo sobre su capacidad para generar cambios. Los pacientes comienzan a experimentar una sensación de capacidad y confianza en sí mismos cuando reconocen las fortalezas y habilidades que poseen y que pueden utilizar para enfrentar los desafíos que tienen por delante (Shabi, 2024). Aceptar a una persona tal como es, con contención y estímulo, puede crear una experiencia terapéutica correctiva incluso para pacientes que están desilusionados y en grave sufrimiento (Furrow et al., 2022). Cuando el terapeuta expresa emociones positivas hacia la historia personal del paciente y cómo ha afrontado desafíos en el pasado, esto revela las fortalezas internas y habilidades que posee para adaptarse a realidades complejas, fortaleciendo así su sentido de autoestima (Goldman & Greenberg, 2015).En el espíritu del apoyo incondicional, cuando los pacientes expresan resistencia o muestran indiferencia hacia el lenguaje de apoyo, el terapeuta debe evitar la confrontación y la crítica (Miller & Rollnick, 2013). En cambio, debe centrarse en comprender los sentimientos subyacentes a la resistencia, procesar las emociones ocultas, que pueden incluir ira y desesperación, y trabajar con el paciente para encontrar formas de cambiar estos patrones. Este enfoque transmite al paciente que el apoyo que recibe no depende de su comportamiento o acciones y que se reconoce la complejidad y las experiencias de su vida (Shabi, 2024). En otras palabras, el lenguaje del apoyo incondicional incluye aliento, refuerzo, aceptación, cuidado y preocupación sin condiciones. Está libre de juicios y barreras y tiene como objetivo crear una experiencia segura y empoderadora para el paciente (Rogers, 1951).

Lenguaje de Apoyo Incondicional: Retroalimentación del Terapeuta al Paciente

- "Tengo total confianza en ti y en tu habilidad para cambiar."
- "Estoy contigo en cada paso del camino."
- "Siento que tienes fortalezas que aún no has identificado, y que pueden ayudarte a sanar."
- "Aprecio los grandes esfuerzos que estás haciendo para sobrellevar y no rendirte."
- "Tienes la capacidad para seguir adelante y persistir, incluso cuando el camino se ve difícil."
- "¡Estoy aquí para ti! Juntos intentaremos enfrentar los desafíos en el camino hacia la recuperación."

En conclusión, el lenguaje de apoyo incondicional debe emplearse en todas las etapas de la terapia emocional centrada en la persona. Incluye la expresión de emociones positivas, aliento y el refuerzo del paciente mientras se resaltan sus fortalezas ocultas y evidentes. Su propósito es darle al paciente una sensación de ser importante, deseado, amado y aceptado, y motivarlo a creer en su capacidad para tomar el control de su vida y enfrentar las dificultades personales, incluida la adicción, de manera proactiva. Los estudios muestran que el lenguaje del apoyo incondicional fortalece a las poblaciones marginadas, fomenta la reflexión emocional y mejora la autoestima, la capacidad y la confianza en la habilidad de cambiar (Greenman & Johnson, 2022; Greenberg, 2004).Una comprensión empática de las experiencias internas de una persona que enfrenta una adicción es un elemento complementario al lenguaje de apoyo incondicional, y será tratado en la siguiente sección.

> "Cuando el paciente está herido, ansioso y duda de su autoestima, se necesita una comprensión genuina y escuchar para finalmente permitir el cambio." (Carl Rogers)

Empatía

> "Creemos que escuchamos, pero rara vez escuchamos con verdadera comprensión y empatía auténtica. La escucha empática es una de las fuerzas más poderosas para el cambio que conozco." (Carl Rogers)

Jason se sienta en el diván de terapia con la cabeza baja y las manos entrelazadas, luciendo inquieto. El alcohol ha sido un compañero constante en su vida durante dieciséis años. "Cuando bebo", le dice al terapeuta, "siento que todo se detiene. Consigo algo de paz, y eso es todo lo que a veces necesito." Vive solo en un pequeño apartamento, sobreviviendo con una pensión por discapacidad que le otorgaron debido a su problema de adicción. Su vida se ha vuelto muy limitada: sin trabajo, sin conexiones sociales y sin esperanza de un futuro mejor. "No veo cómo algo pueda cambiar," añade. "No mejorará. Nada cambiará para bien."

¿Cómo podemos ayudar a pacientes con comportamientos pasivos como Jason? ¿Son los procesos interpersonales que ofrece la psicología humanista capaces de infundir optimismo y esperanza en poblaciones que experimentan aislamiento social, ansiedad y baja autoestima?

Según Rogers, esto es posible mediante relaciones interpersonales cercanas, aceptación incondicional y comprensión empática de la mente humana y su mundo (Rogers, 1962). Rogers se refirió al lenguaje de la empatía como un intento de comprender con precisión los sentimientos del paciente aquí y ahora, conectando con emociones vulnerables como la ansiedad y la vergüenza, y alentando al paciente a expresar sus sentimientos y entender sus orígenes (Jacobs, 2013; Rogers, 1951). Kohut también considera la empatía como una herramienta activa para la comprensión psicológica y emocional de la persona. Según él, el terapeuta no solo escucha sino que también piensa, siente y experimenta el mundo interno del paciente (Kohut, 1982). Esta acción terapéutica implica intentar identificar el estado emocional del paciente, experimentar emociones similares a las que él siente y entender profundamente sus sensaciones. Muchos estudios muestran que la empatía es una herramienta fundamental para crear una conexión auténtica y profunda con el paciente, y fortalece su capacidad para dar el primer paso hacia el cambio emocional (Maibom, 2012; Greenberg, 2015; Miller & Rollnick, 2013). La empatía no es solo un mecanismo psicológico de identificación; también es un proceso activo que permite la conexión interpersonal y el cambio en emociones como la ansiedad y la tristeza (Maibom, 2012). Para que un paciente experimente empatía, necesita una figura externa que se identifique con sus sentimientos, por lo que la empatía solo puede existir en interacciones humanas genuinas (Agosta, 2018).

El lenguaje de la empatía, especialmente con personas que enfrentan una adicción, requiere escucha profunda, atención plena y un esfuerzo sincero para comprender verdaderamente sus experiencias internas. Rogers enfatizó que la empatía significa la capacidad del terapeuta de "ponerse en el lugar del paciente como si fuera él mismo" (Rogers, 1957). La conexión auténtica con el paciente solo ocurre cuando el terapeuta logra escucharlo plenamente e identificar sus emociones difíciles y desadaptativas. Tal conexión profundiza la conciencia del paciente sobre sus emociones, fortalece su capacidad para expresarlas y le permite crear cambios en sus creencias sobre ellas (Greenberg, 2010). La conversación terapéutica con Deniel ilustra cómo funciona el lenguaje de la empatía.

Cuando Deniel, un hombre de treinta y cinco años, entra en la sala de terapia, es evidente que carga con una pesada carga de experiencias y decepciones. Deniel ha estado usando cannabis de manera intensiva desde los diecisiete años. "Es mi solución," le dice al terapeuta. "Es lo único que me calma de estos sentimientos – confusión, ira... cosas que realmente no entiendo. Creo que está conectado con toda la violencia que experimenté en casa cuando era niño." Deniel comparte con el terapeuta que antes intentó integrarse a dos marcos terapéuticos pero no logró mantenerse en ninguno.

La terapeuta elige cuidadosamente sus palabras. "Escucho tu tristeza," dice. "Lo que has vivido en tu familia – la violencia, la soledad. También percibo tus intentos actuales de entender por qué te sientes estancado en relación con dejar de usar cannabis. Muestras una profunda conciencia de lo que has vivido y de la conexión entre estas experiencias y tu consumo de la sustancia." "En los materiales. Aprecio tu honestidad y tu esfuerzo por compartir. Este es el comienzo del camino hacia el cambio."

Deniel asiente lentamente, pensativamente. "Sí, hablo de ello," dice, "pero la verdad es que no sé qué hacer. No estoy seguro de tener la fuerza para comenzar la terapia otra vez. Realmente quiero dejarlo, pero... no sé si lograré tener éxito."

"Siento tu dificultad," dice la terapeuta con calidez, "comenzar la terapia nuevamente, enfrentar el dolor y los recuerdos difíciles una vez más – no es fácil. Tienes mucho que manejar: tristeza, inseguridad, esos sentimientos que has estado cargando durante años. También percibo tu angustia por la desconexión con tu familia, el miedo a experimentar dolor otra vez en terapia, como antes, y el temor de que todos tus esfuerzos no conduzcan a la paz que buscas. ¿Es así?"

Deniel se endereza un poco en su silla, una chispa de esperanza ilumina sus ojos. "Sí," susurra, "eso es exactamente. Simplemente no sé cómo empezar."

Los intentos de la terapeuta por ponerse en el lugar de Deniel, sentir lo más cerca posible el dolor y la tristeza que él está experimentando y transmitirle eso, se describen como un acto de "motivación empática". Esta acción tiene como objetivo fortalecer la autoconciencia de Deniel, con la meta de darle una sensación de seguridad para manejar sus emociones, fomentar el cambio emocional y reducir los sentimientos de soledad e inseguridad que lo han acompañado durante años. El lenguaje de la empatía, basado en la profunda identificación emocional de la terapeuta con el paciente, es un pilar central del proceso de terapia interpersonal focalizada en las emociones (Greenberg, 2017). Se fundamenta en una comprensión auténtica de las experiencias del paciente y en un conocimiento profundo de las barreras emocionales formadas debido a traumas pasados. Su propósito es responder a la profunda necesidad de las poblaciones vulnerables de sentirse comprendidas y valoradas (Agosta, 2015). Este proceso simplifica la terapia y permite a los pacientes abandonar patrones problemáticos que se han desarrollado en sus relaciones. Aunque la empatía por sí sola no es suficiente para provocar cambios emocionales y conductuales significativos, deben procesarse los conflictos psicológicos internos del paciente (Wachtel, 1993). Sin embargo, la empatía permite que la terapeuta cree una nueva narrativa para la experiencia emocional del paciente y lo apoye en liberar emociones difíciles y procesar conflictos, similar a los procesos terapéuticos dinámicos (Oxley, 2011). La terapeuta debe preguntarse constantemente si está conectando con las emociones vulnerables del paciente y si la empatía que utiliza resuena con él. Un fallo empático puede ocurrir cuando hay discrepancias entre la terapeuta y el paciente respecto al marco terapéutico o a los objetivos del tratamiento, cuando existen diferencias en sus cosmovisiones o cuando la terapeuta tiene dificultades para comprender las palabras del paciente. Una situación en la que el paciente se siente incomprendido o carece de una escucha genuina puede interrumpir el proceso terapéutico (Agosta, 2018). Para abordar fallos empáticos, la terapeuta debe comprobar de manera consistente con el paciente si se entiende el proceso emocional. La terapeuta debe asegurarse de que la interpretación que hace de las emociones y experiencias del paciente sea clara, fundamentada y esté alineada con la realidad de la vida del paciente (Agosta, 2010). Tal interpretación, proporcionada en el marco del lenguaje de la empatía activa, puede llevar al paciente a una reflexión más proporcionada de sus experiencias emocionales, la liberación de emociones desadaptativas y su transformación en sentimientos más adaptativos y efectivos (Agosta, 2018).

Lenguaje empático: Retroalimentación del terapeuta al paciente

- "Siento que las barreras que experimentas en tu relación con tu familia son la base de la tristeza y desesperanza que estás sintiendo en este momento."
- "Percibo que hoy te sientes culpable porque no pudiste controlarte y expresar tus sentimientos durante tu reunión con los miembros de tu grupo de terapia."
- "¿Es el regreso al consumo de drogas solo una forma de sobrellevar la ansiedad y el dolor que sientes debido a la desconexión con tus hijos?"
- "Percibo que el mensaje que has recibido a lo largo de los años, que eres un fracasado, todavía resuena en ti y contribuye a tu inseguridad actual. ¿Cómo experimentas lo que te estoy señalando? ¿Te estoy leyendo correctamente?"
- "¿A veces sientes decepción y frustración con cómo se está desarrollando la sesión de terapia en este momento?"

Una conversación terapéutica con Kevin demuestra cómo opera el lenguaje empático mientras se verifica si los procesos interpretativos de su trasfondo emocional están calando en su corazón y son comprensibles para él.

Kevin, un hombre de cuarenta y tres años, ha estado consumiendo cannabis y alcohol durante dieciséis años, pero el último año ha sido el más difícil para él. "Me fui de casa", le dice a la terapeuta en un tono sombrío, "me separé de mi esposa. Corté lazos con los niños. Todo es porque simplemente no puedo dejar de usar." El dolor en sus palabras es evidente, y se le ve triste y contenido. "No tengo esperanza en mí mismo", añade, "cada vez que intentaba dejarlo, fracasaba."

A lo largo de la conversación, la terapeuta intenta comprometerlo, pero cada vez que toca sus emociones, Kevin se queda en silencio. Después de uno de esos silencios, ella le habla suavemente: "Kevin, noto que hoy hemos tenido muchos silencios. Quiero entender cómo te sientes en nuestra conversación. También percibo que tu desconexión de tu familia y tus hijos, junto con el regreso al consumo intensivo de cannabis, están contribuyendo a tu frustración y falta de confianza en ti mismo. ¿Hay algo en las preguntas que he hecho que te resulte difícil?"

Kevin respira profundo. "La verdad es", dice con franqueza, "que no son las preguntas. Es solo... no veo un camino hacia adelante. No estoy seguro de que estas sesiones me ayuden a ver a mis hijos o cambien algo. Realmente no sé qué pasará."

La terapeuta lo mira con ánimo y dice: "Te escucho, Kevin, y quiero abordar lo que has planteado. Pero antes de hacerlo, veamos qué está pasando entre nosotros ahora mismo. Percibo que hoy estás distante de mí, y eso es muy diferente a nuestras sesiones anteriores. Me pregunto si la desconexión física con tu familia y tus hijos te está haciendo pensar que nuestra conexión aquí también podría terminar y que al final, te quedarás solo de nuevo, sintiéndote indefenso. ¿Te estoy entendiendo correctamente?"

Kevin mira a la terapeuta por primera vez. "Quizás", susurra.

En resumen, el uso del lenguaje empático activo-interpretativo en personas que enfrentan adicciones es un componente vital a lo largo del proceso de terapia interpersonal focalizada en las emociones. Su propósito es brindar reconocimiento y apoyo a los pacientes, profundizando su conciencia de sus emociones, evitando juicios o evaluaciones negativas (Agosta, 2010, 2015). Este lenguaje, basado en una conexión emocional profunda entre la terapeuta y el paciente, va más allá de simples procesos de identificación; implica profundizar activamente la conciencia del paciente sobre el trasfondo de sus emociones desadaptativas y proporcionar interpretaciones que ayuden a descubrir sus fuentes. La terapeuta motiva al paciente a expresar emociones libre y constructivamente mientras desarrolla entendimientos sobre patrones emocionales inhibitorios. Este proceso sirve como camino para la transformación emocional —un objetivo central en la terapia focalizada en emociones— y apunta a ayudar a los pacientes a desarrollar fuertes sentimientos de autocontrol y capacidad (Greenberg, 2015). Estas emociones eventualmente se manifiestan en cambios conductuales, resolución de problemas y una reducción o cese del uso de sustancias. El lenguaje empático se basa en crear relaciones honestas y respetuosas entre la terapeuta y el paciente. Estas relaciones se caracterizan por una mezcla de empatía e identificación con la dificultad del cambio y apoyo a los esfuerzos del paciente por modificar su situación. El lenguaje de la honestidad, que complementa el lenguaje empático en la terapia interpersonal focalizada en las emociones, se explica en la sección siguiente.

> "El significado de ser empático es una comprensión profunda del paciente. Entender con precisión sus sentimientos internos, comprender los componentes emocionales de sus experiencias y su significado, como si la terapeuta experimentara esos sentimientos por sí misma" (Carl Rogers).

Honestidad

Carol, una mujer de veintinueve años, entra al centro de tratamiento de adicciones con cierta vacilación. Desde su servicio militar, el cannabis ha sido parte de su vida, pero no lo ve como un problema, sino más bien como un hábito.
"Realmente no entiendo por qué mi médico decidió enviarme a tratamiento", le dice a la terapeuta, "sí, uso cannabis, pero no soy adicta. Puedo manejar mis problemas por mi cuenta."
La terapeuta escucha sus palabras e intenta entender cuáles son esas dificultades, pero Carol se cierra inmediatamente y se niega a profundizar. La conversación se convierte en un ciclo de negación y retraimiento.
Al final de la conversación, la terapeuta revisa la información psicosocial y médica a su disposición y descubre que la situación es más complicada de lo que Carol está dispuesta a admitir. Puede estar lidiando con un

malestar más profundo, para el que el cannabis sirve como un "parche emocional". La terapeuta se pregunta cómo puede llegar a Carol, animarla a hablar con honestidad sobre su situación y quizá tocar un lugar que la haga comenzar a considerar el cambio.

En la terapia interpersonal focalizada en las emociones, el lenguaje de la honestidad entre la terapeuta y el paciente se expresa en dos niveles: el primer nivel es el de la terapeuta, que ofrece al paciente una atención genuina, real y auténtica. Esto se hace mediante expresiones de apoyo, empatía y dando retroalimentación abierta acerca de la honestidad, los esfuerzos, fortalezas y capacidad del paciente para sobrellevar y generar cambios. El lenguaje de honestidad de la terapeuta se enfoca en un diálogo interpersonal que anima al paciente a profundizar su conciencia sobre sus experiencias emocionales y conductas y a comprender su trasfondo (Shabi, 2024). La terapeuta observa las experiencias internas del paciente y las refleja para él, fortaleciendo así la disposición del paciente para examinar el trasfondo de sus patrones emocionales y conductuales y considerar alternativas positivas (Meier et al., 2005).

El segundo nivel es el del cliente, que se relaciona con la honestidad del cliente hacia sí mismo y la honestidad que demuestra en el proceso terapéutico. Esto implica su capacidad para expresar libre y auténticamente sus emociones, presentar su situación actual y examinar sus patrones personales. Cuando el terapeuta actúa con transparencia e integridad, sin pretensiones ni manipulaciones, ayuda al cliente a mantenerse conectado consigo mismo y a expresar libremente sus experiencias emocionales (Tudor y Merry, 2006). En el caso de Carol, el terapeuta puede animarla a ser honesta sobre sus dificultades y situación si actúa con transparencia y comparte toda la información a su disposición. El terapeuta debe explicarle a Carol cómo los cambios en el consumo de cannabis y en otras áreas podrían afectar positivamente su vida. Este compartir honesto puede inspirar confianza en Carol y fortalecer su disposición a comprometerse con el proceso. Los temores sobre el proceso de cambio requieren un procesamiento sensible y atento. Según Miller y Rollnick, el lenguaje de la honestidad aborda la ambivalencia dentro del cliente, entre la voz que apoya el cambio y la voz que se opone a él (Miller y Rollnick, 2013). El terapeuta debe escuchar las razones de los temores y dificultades subjetivas del cliente, al tiempo que aborda sus fortalezas y esfuerzos ocultos. Este enfoque evocará sentimientos de comprensión, reconocimiento y aprecio, alentando al cliente a avanzar en el proceso (Eliot et al., 2004; Hohman, 2012; Tudor y Merry, 2006). La conversación terapéutica con Ken muestra la aplicación del lenguaje de la honestidad.

Ken, de treinta y tres años, se encorva en la silla de terapia, con el rostro apagado y cansado. Ha estado consumiendo heroína durante cinco años y, antes de eso, era adicto al alcohol. "Ya lo he probado todo", dice en voz baja al terapeuta, "lo intenté durante diez años. Estuve en todo tipo de programas, ambulatorios y hospitalarios, pero nada funcionó." En los últimos años, le dice, ha sentido una dependencia creciente de las sustancias y ahora está deprimido y frustrado. Durante las sesiones, Ken parece triste y falto de vitalidad.

En una sesión, compartió que salió de su casa hace unos días, pero a lo largo de la conversación, sus ojos permanecieron fijos en el suelo y evitó hablar del tema. El terapeuta se inclina ligeramente hacia adelante y dice suavemente: "Ken, noto que hoy estás especialmente retraído. Cuando intentamos hablar de cómo te sientes, especialmente sobre haber salido de tu casa la semana pasada, no está funcionando realmente. ¿Puedes compartirlo conmigo? ¿Qué te llevó a desconectarte?"

Ken no levanta la mirada. "Es cierto", dice con voz entrecortada, "estoy pasando por cosas difíciles. Realmente no sé qué hacer..."

"Quiero abordar honestamente lo que escucho de ti", dice el terapeuta. "Escucho dos voces en ti. Por un lado, quieres hacer un cambio significativo esta vez, y creo que tienes la fuerza y la capacidad para ese cambio. Por otro lado, escucho pesimismo, desesperación y tal vez incluso miedo. No crees que algo pueda cambiar, ni en dejar de consumir sustancias ni en construir una relación diferente con tu familia."

Hace una pausa por un momento, dejando que las palabras calen, y continúa: "Siento que hay una profunda falta de confianza en ti mismo, y que esa falta de confianza puede estar conectada con los mensajes que recibiste en la infancia. Mencionaste que la gente te decía que no lo lograrías, que no lo conseguirías. ¿Estoy entendiendo bien? ¿Esos mensajes aún resuenan en ti?"

El acercamiento honesto del terapeuta hacia Ken incluyó reflexionar sobre su situación y expresar confianza en su capacidad de cambiar. Le presentó las dos voces internas que lleva: por un lado, los sentimientos de ansiedad e inseguridad sobre su capacidad de cambio, y por otro, los sentimientos de capacidad y fortaleza que le permiten vislumbrar un cambio real. Se hizo especial énfasis en fortalecer la voz que expresa sentimientos fuertes como el sentido de valía y confianza, mientras se guiaba a Ken para identificar los mecanismos de defensa que le impiden creer en su capacidad de cumplir con sus propias expectativas y las del terapeuta (Agosta, 2020). Un principio fundamental al usar el lenguaje de la honestidad en la terapia interpersonal focalizada en las emociones es fortalecer la capacidad del cliente para abordar honestamente sus experiencias internas y luchas emocionales. Esta honestidad implica confrontar sus dificultades personales, patrones conductuales y uso de sustancias (Kocsis y Yellowlees, 2018). El reconocimiento auténtico y expuesto de las dificultades emocionales y conductuales permite al cliente obtener una comprensión profunda de los antecedentes y motivos de sus luchas. Esta comprensión abre posibilidades para encontrar estrategias de afrontamiento adecuadas y efectivas. Un ejemplo de esto se evidencia en la conversación terapéutica con Roy.

Roy, un hombre de cuarenta y ocho años, entra a la primera sesión con una expresión tensa. Durante dieciocho años ha luchado con la adicción al juego legal e ilegal. "He acumulado deudas enormes", admite en voz baja, "incluso tuve que hipotecar algunos bienes de mi familia."

Roy explica que su comportamiento ha provocado muchas crisis familiares y que, en ciertos momentos, se vio obligado a abandonar su hogar. Hace tres años logró dejar de jugar. "Aguanté", suspira, "pero hace tres meses empecé a jugar en línea de nuevo. Todo comenzó por una crisis financiera por la que pasé, y simplemente me arrastró de nuevo."

Roy acude a terapia bajo una gran presión familiar. Durante la conversación, el terapeuta intenta conectarlo con sus sentimientos más profundos y ayudarlo a afrontar la vergüenza, culpa y ansiedad que son evidentes en él.

"Al final", dice Roy, tratando de sonar decidido, "creo que mi regreso al juego es solo un pequeño tropiezo. Planeo dejarlo definitivamente esta vez. No sé qué me pasó, pero estoy seguro de que puedo lograr ese cambio."

El terapeuta lo mira durante varios momentos. "Roy", dice finalmente, "quiero ser honesto contigo. Realmente no escucho la voz que apoya el cambio en ti, al menos no de la manera en que la describes. Siento que estás muy avergonzado después de las reacciones duras de tu familia a tu regreso al juego. ¿Podría ser que tu dificultad para hablar de lo que realmente sientes —la tristeza y la desesperación — provenga de no creer verdaderamente en tu capacidad para cambiar? ¿Puedes compartirlo conmigo?"

Roy parece tenso y se mueve incómodo en su asiento. "Puedo cambiar", dice casi en un susurro, "realmente quiero. Pero cada vez... cada vez algo me tira hacia atrás. El ambiente en el que vivo, la situación financiera mía y de mi familia... todo es tan difícil. Al final, el juego es como una forma de sobrevivir. Es simplemente lo único que sé hacer."

"Escucho tu miedo, Roy", dice el terapeuta, "temes fracasar otra vez en hacer un cambio. Puedo entender lo frustrante

que debe ser sentir que los cambios que haces son temporales, y lo aterrador que es pensar que te desconectarás otra vez de tu esposa y tus hijos. Pero también veo fuerza y confianza en ti, la misma fuerza que demostraste antes cuando luchaste y lo lograste. Creo que tienes el poder para hacer un cambio real."
Roy levanta la mirada hacia el terapeuta y algo se suaviza en su expresión. El terapeuta añade: "Intentemos juntos entender qué te está impidiendo cambiar. Creo que hay partes emocionales, quizá sentimientos profundos de tristeza, de los que no hablas y que ayudan a mantenerte en este ciclo vicioso. ¿Qué piensas? ¿Te gustaría unirte a un proceso terapéutico que pueda ayudarte a romper el ciclo en el que estás atrapado y crear el cambio?"

La conversación con Roy resalta el núcleo del lenguaje de la honestidad en terapia: reflejar patrones emocionales y conductuales desadaptativos, al mismo tiempo que se proporciona una base segura, apoyo y un enfoque empático en las fortalezas internas del paciente que pueden impulsar el cambio (Johnson, 2009). Cuando los pacientes tienen dificultad para abordar honestamente sus experiencias y emociones, pueden resistirse a compartir y trabajar colaborativamente con el terapeuta. El terapeuta debe evitar reaccionar con contra-resistencia. En cambio, necesita escuchar las experiencias complejas del paciente, reflejarlas y procesar juntos las dificultades y vacíos (Prochaska et al., 1992). El lenguaje de la honestidad, más allá de exponer emociones, pensamientos y patrones conductuales, también incluye una orientación práctica emocional y conductual para cambiar patrones inhibidores (Connors et al., 2013). Su objetivo es animar al paciente a reflexionar, aunque sea inicialmente, sobre sus acciones y ayudarlo a obtener percepciones que le permitan liberarse del ciclo de la adicción (Tudor y Merry, 2006). A través de la autorreflexión, el terapeuta puede ayudar al paciente a entender cómo los patrones emocionales y conductuales obstaculizan su progreso. Esta percepción abre opciones para que el paciente se comprometa honestamente con sus experiencias y realice cambios graduales (Marom et al., 2011; Beck, 2011). El lenguaje de la honestidad requiere que el terapeuta comparta con el paciente información honesta y confiable sobre el proceso terapéutico. El terapeuta debe preparar al paciente para las dificultades anticipadas, los obstáculos que puedan surgir y las formas de afrontarlos. Esta información también debe incluir los riesgos asociados con nuevas sustancias, las consecuencias para la salud y las implicaciones de una recaída (Cournoyer et al., 2007).

El lenguaje de la honestidad: retroalimentación del terapeuta al paciente

- "Siento que estás intentando, luchando y esforzándote mucho por entender cómo llegaste a este punto."
- "Me está costando captar por lo que estás pasando hoy. Siento que hay cosas de las que no estás hablando. ¿Puedes compartir un poco más sobre lo que estás sintiendo en este momento?"
- "Confío en que profundices en nuestras sesiones sobre los desafíos que estás experimentando para que podamos enfrentarlos juntos."

- "Soy optimista de que puedes lograr un cambio en tu vida."
- "Aprecio tu apertura, tu vulnerabilidad y tu disposición para compartir lo que está ocurriendo en este momento."
- "Hay partes de ti que no estás abordando, y creo que están contribuyendo a la dificultad que sientes. ¿Te gustaría hablar de ellas?"

En conclusión, el lenguaje de la honestidad, que el terapeuta debe aplicar a lo largo de todas las etapas de la terapia interpersonal focalizada en las emociones, es una parte inherente del proceso de avanzar la conciencia y el insight del paciente, especialmente cuando se trata de adicciones. Este lenguaje ayuda al paciente a comprender sus fortalezas, capacidades, desafíos, el trasfondo de sus dificultades y el posible camino para el cambio. El poder del lenguaje de la honestidad permite que las personas en grave sufrimiento encuentren una conexión genuina con su "yo" de manera respetuosa y sin juicios, fortaleciendo así su optimismo sobre la capacidad de lograr la recuperación y el cambio (Hohman, 2012).

> "El paciente es quien conoce el dolor que está experimentando, los problemas que debe enfrentar, las experiencias que está ocultando y las direcciones que debe tomar." (Carl Rogers)

4

ENFOQUE CENTRADO EN LAS EMOCIONES

La Terapia Centrada en las Emociones (TCE) es un enfoque humanista y experiencial orientado a transformar emociones dolorosas y desadaptativas, como el miedo o la vergüenza, en emociones adaptativas como una sensación de competencia y control. Este cambio emocional puede, en etapas posteriores, conducir a un cambio conductual y a una mejor adaptación a la vida (Greenberg, 2017; Timulak & McElvaney, 2018). Las emociones son procesos biológicos innatos que evolucionan con el tiempo. Ayudan a los seres humanos en el funcionamiento diario, la comunicación interpersonal y la capacidad de adaptarse a la realidad e integrarse en la sociedad. Las emociones dan significado a las experiencias, contribuyen a la adaptación y permiten la corrección personal (Greenberg, 2016). Las emociones se definen como un estado psicológico integrador que combina excitación fisiológica, sensorial y neural, lo que conduce a una respuesta conductual (Klein et al., 1986). Incluyen experiencias como la felicidad y la tristeza, que juntas forman la composición emocional de una persona.

La Terapia Centrada en las Emociones busca permitir que el paciente experimente las emociones "aquí y ahora" e identifique los dolores emocionales centrales y sus fuentes. Su objetivo es cambiar las creencias sobre las emociones, gestionar emociones intensas y dar un nuevo significado a las experiencias emocionales. De este modo, las emociones desadaptativas se reemplazan por otras adaptativas que promueven el cambio (Greenberg, 2015). El enfoque enfatiza la realización de tareas experienciales-emocionales que ayudan a resolver conflictos emocionales, al tiempo que se centra en el papel adaptativo de las emociones en la creación de un sentido de valor y seguridad (Greenberg, 2015, 2016). Greenberg creó una distinción entre emociones primarias y secundarias:

- Emociones primarias desadaptativas: Emociones básicas como la tristeza, la inseguridad y la vergüenza, que se vuelven inhibidoras debido a experiencias traumáticas.
- Emociones secundarias desadaptativas: Reacciones a las emociones primarias, como la ira y la desesperación, que profundizan la dificultad (Greenberg y Safran, 1987).

Las Emociones primarias que antes eran adaptativas, como el orgullo, pueden convertirse en desadaptativas, como la inseguridad, debido a experiencias de daño o privación en la infancia o la adultez (Greenberg, 2011, 2024). Por tanto, las emociones son parte integral de la construcción y organización del yo. Ayudan a una persona a entender su lugar en las relaciones interpersonales e identificar si estas relaciones son nutritivas o limitantes (Timulak, 2015). Greenberg enfatiza que la conciencia de los procesos emocionales es clave para comprender el yo y cambiar patrones emocionales inhibitorios. Este proceso está influenciado en gran medida por las interacciones de la persona con su entorno, que moldean sus experiencias emocionales y su esquema emocional básico (Greenberg, 2011). Un programa emocional que contiene emociones primarias y secundarias desadaptativas puede emerger a veces debido a experiencias traumáticas o a la dificultad que tiene la persona para tolerar estas emociones. La falta de conciencia de este programa, la dificultad para regular emociones intensas o la negación de ellas puede conducir a malestar y dañar las relaciones interpersonales y la autorrealización (Greenberg, 2011).

Transformación Emocional

La transformación emocional, que es el núcleo del enfoque terapéutico focalizado en las emociones, se centra en reemplazar emociones desadaptativas por emociones más adaptativas y fuertes, como la competencia y la confianza. Este proceso tiene como finalidad asistir a los pacientes que enfrentan barreras para formar conexiones interpersonales y posibilitar una mejor adaptación y cambio conductual (Greenberg, 2017). El proceso incluye identificar las emociones desadaptativas que el paciente experimenta, como el miedo o la vergüenza, comprender sus fuentes y manejar dichas emociones. Además, se crea una nueva narrativa que da un significado distinto a las experiencias emocionales, mientras se reemplazan las emociones desadaptativas por otras más adaptativas (Greenberg, 2015).

Mecanismos de Transformación

La transformación emocional se logra a través de tres etapas principales:

1. Identificación de una emoción insatisfecha: Comprender una necesidad emocional no cumplida, como la falta de seguridad o amor.
2. Expresión emocional: Fomentar que el paciente exprese esta emoción al terapeuta.
3. Creación de una nueva narrativa: Identificar experiencias emocionales positivas del pasado y dar validez y significado a estas experiencias en el presente, para que puedan servir como una alternativa emocional a las necesidades insatisfechas (Timulak, 2015; Shabi, 2024).

Por ejemplo, el miedo puede ser reemplazado por un sentido de seguridad, y la ira puede transformarse en control. Al identificar una emoción positiva que alguna vez se consideró adaptativa, el patrón emocional del paciente puede ser reestructurado (Greenberg, 2024).

Alianza Terapéutica y Apoyo Incondicional

Una fuerte alianza terapéutica entre el terapeuta y el paciente es una condición crucial para el éxito de la transformación emocional. Esta alianza proporciona una base segura para el paciente, un sentido de apoyo incondicional y confianza en el proceso terapéutico (Brubacher, 2017). Las relaciones interpersonales significativas son una parte integral del trabajo con individuos en profundo malestar, permitiendo que el paciente se sienta comprendido y aceptado (Cassidy y Shaver, 2016).

Validación Emocional y Reflejo de Sentimientos

La validación emocional sirve como una herramienta importante en la transformación. El terapeuta busca comprender profunda y auténticamente los sentimientos del paciente (como la ansiedad inconsciente) y los refleja de vuelta al paciente. Este proceso permite que el paciente vea sus experiencias bajo una nueva luz, identifique mecanismos de defensa activos y regule emociones desadaptativas (Lafrance et al., 2020). La validación emocional ayuda a los pacientes a reconocer las razones ocultas detrás de su negación emocional, como el dolor derivado de la adicción. Abre un camino para que procesen emociones dolorosas, a menudo por primera vez, y sienta las bases para un cambio emocional significativo (Elliott, 2004).

Resumen

El enfoque terapéutico focalizado en las emociones, con la transformación emocional en su núcleo, describe un proceso profundo y reflexivo que combina la identificación de emociones desadaptativas, la gestión y expresión de emociones, y la construcción de una nueva narrativa para las experiencias emocionales. A través de la validación emocional y la reflexión de los sentimientos, el terapeuta ayuda al paciente a enfrentar emociones nucleares dolorosas y a crear un cambio emocional que conduce a una mejora conductual y adaptativa. El enfoque enfatiza la importancia de la alianza terapéutica y la conexión auténtica entre terapeuta y paciente como medio para crear una base segura y fortalecedora para el cambio.

> "La vida es ilógica sin la existencia de una conexión interpersonal. Nos necesitamos unos a otros, y cuanto antes aprendamos esto, mejor para todos" (Erikson).

5

TERAPIA CENTRADA EN LAS EMOCIONES: TAREAS CLÍNICAS

En las etapas iniciales de la Terapia Focalizada en las Emociones (EFT), la tarea principal es ayudar al paciente a examinarse a sí mismo, identificar el dolor central que está experimentando y comprender el trasfondo de estos sentimientos. Incluso en estas primeras etapas, se debe brindar al paciente la oportunidad de expresar emociones como el dolor y la ansiedad, junto con asistencia para moderar las emociones intensas que tienden a evitar "encontrarse" en la vida diaria. Estas emociones, como sentimientos de rechazo o vergüenza, pueden originarse en experiencias tempranas de daño o trauma.

La Transformación Emocional se centra en reemplazar emociones desadaptativas con emociones más fuertes y adaptativas. Por ejemplo, una persona que lidia con una sensación de impotencia para dejar de consumir sustancias, a pesar de su deseo de hacerlo, puede experimentar un cambio emocional. A través de la participación en un programa terapéutico a largo plazo, la sensación de impotencia puede ser reemplazada por un fuerte sentido de competencia y control. La transformación emocional hace consciente, por ejemplo, el sentimiento de fracaso en establecer una vida familiar saludable debido a problemas de adicción — y lo reemplaza con una sensación de confianza en la capacidad del paciente para reparar su familia. Este cambio se realiza mediante una combinación de elementos emocionales, cognitivos y conductuales, junto con la creación de una nueva narrativa emocional que enfatiza sentimientos de control, fortaleza y seguridad.

Terapia Centrada en las Emociones: El Proceso de Flujo

Según Greenberg (2015), el proceso de cambio emocional en la Terapia Focalizada en las Emociones consta de seis etapas, enfocándose en experiencias emocionales correctivas y la transformación emocional. En la investigación que sustenta este libro, se pone especial énfasis en el cambio emocional durante el proceso de flujo, que implica reemplazar emociones automáticas desadaptativas por emociones positivas y adaptativas — un paso vital para mantener e internalizar el cambio emocional y, en una etapa posterior, el cambio conductual (Shabi, 2024), especialmente para poblaciones que enfrentan angustia y adicción.

Etapa Uno: Conciencia

Esta etapa se centra en profundizar la conciencia del paciente que sufre adicción, incluyendo fortalecer su comprensión de emociones pasivas como la tristeza e inseguridad, y mejorar su capacidad para sentir estas emociones. Incluye:

- La intervención interpersonal fortalecerá la

capacidad del paciente para ser consciente de emociones primarias ocultas y expresarlas.

- Gestionar emociones secundarias como la ira y la desesperación, que oscurecen otras emociones, procesar estas emociones y abordarlas.
- Una evaluación conjunta con el paciente sobre las razones ocultas y manifiestas para reprimir emociones primarias.
- Fortalecer la capacidad del paciente para expresar emociones positivas ocultas como el control y la autoconfianza (Greenberg, 2010).

Etapa Dos: Potenciar la Capacidad de Experimentar la Emoción

En esta etapa, el terapeuta ayuda al paciente que lidia con la adicción a comprender el origen de sus emociones secundarias desadaptativas. Esta etapa implica:

- Examinar las dudas que el paciente tiene sobre su capacidad para afrontar problemas con el consumo de sustancias y sus miedos relacionados con cambiar patrones adictivos.
- Promover la capacidad del paciente para obtener insights y reconocer las emociones fuertes en su interior, como el sentido de valor y fortaleza, que indican sus verdaderas capacidades (Goldman et al., 2021).
- Ayudar al paciente a escuchar emociones que no había podido "oír" hasta ahora, como la tristeza y la vergüenza (Greenberg, 2024).

Etapa Tres: Regulación Emocional

Esta etapa se enfoca en mejorar la capacidad de los pacientes que experimentan emociones intensas, como la ira y la rabia, para procesarlas y controlarlas dentro del proceso terapéutico. La etapa incluye:

- Examen conjunto con el paciente de experiencias y eventos en los que previamente experimentó miedo, ira, tensión e impotencia.
- Identificar el tipo de emoción que el paciente experimenta en diferentes eventos: emociones primarias como la tristeza, o emociones secundarias como la desesperación.
- Cuantificar y procesar emociones primarias, incluyendo inseguridad relacionada con dificultades para cambiar patrones y conductas asociadas a la adicción, así como emociones secundarias como la confusión derivada del consumo de sustancias que alteran la conciencia. Las emociones primarias y secundarias se presentan en proporción a la realidad del contexto vital del paciente.
- Enfocar la atención del paciente en emociones como la soledad y el miedo que contribuyeron a la dependencia prolongada de sustancias, y presentar emociones alternativas, como la confianza y la competencia (Greenberg, 2010).
- Fortalecer la capacidad del paciente para autorregular y manejar emociones mediante métodos y técnicas de relajación, incluyendo técnicas de atención plena. Esto implica practicar la

meditación, donde el paciente se centra en emociones de valor y control, dirigiendo la atención de manera intencional y sin juicio a sensaciones físicas, como la respiración o partes del cuerpo, y observando las experiencias emocionales que se manifiestan en ellas. Este proceso permite al paciente "observar desde afuera" los pensamientos pasajeros y calmarlos, así como observar experiencias externas — eventos en el entorno inmediato en los que estuvo involucrado (Micheli et al., 2016).

Etapa Cuatro: Reflexión

En esta etapa, el terapeuta refleja al paciente que lidia con adicción las emociones que está experimentando, con el fin de profundizar su comprensión de los patrones emocionales existentes y crear nuevas narrativas. La etapa incluye:

- Ayudar al paciente a volverse hacia su interior y examinar sus emociones mientras desarrolla una perspectiva crítica y autorretroalimentación sobre experiencias emocionales negativas que carga, como la autodecepción debido a la dificultad para desconectarse del mundo de las drogas.
- Fortalecer la capacidad de aprendizaje y conciencia del "yo" del paciente, y asumir la responsabilidad por patrones de falta de control, violencia y auto-ira.
- Profundizar la conciencia del paciente sobre sus

emociones y reducir el uso de mecanismos de negación emocional (Greenberg, 2015).
- Identificar emociones positivas que anteriormente habían sido descartadas por el paciente, como el sentido de control y competencia, y traerlas al primer plano emocionalmente, con el objetivo de fortalecer su creencia en su capacidad para cambiar y alterar las emociones que experimenta a diario.

Etapa Cinco: Transformación Emocional

Esta etapa implica convertir emociones primarias, como la tristeza e inseguridad, y emociones secundarias, como la desesperación y la ira, en otras emociones positivas como competencia, control y autoestima (Greenberg, 2010). Esta etapa incluye:

- Fortalecer la capacidad del paciente que enfrenta la adicción para reconocer la variedad de sentimientos desadaptativos que experimenta, como la vergüenza y el pesimismo, y cómo estas emociones afectan su vida (Greenberg, 2015, 2024).
- Procesar conjuntamente con el paciente las emociones desadaptativas, como la desesperanza respecto a liberarse del ciclo adictivo, incluyendo un análisis detallado de eventos y experiencias pasadas y presentes que están grabadas en su memoria.
- Convertir emociones desadaptativas, como la ira, en fuertes sentimientos de confianza en uno mismo y la capacidad de cambio mediante el aumento de la conciencia del paciente sobre emociones positivas

que ha experimentado en el pasado, como la confianza, y reforzar su habilidad para "almacenar" nueva información sobre estas emociones y cambiar recuerdos negativos.

- Integración cognitiva de emociones fuertes y adaptativas en un individuo que enfrenta la adicción, como el sentido de control, a través de procesos de evaluación emocional, y reforzar esta integración reflexionando sobre cómo estas emociones se manifiestan en su realidad emocional actual. El proceso de integración cognitiva incluye:
    - Identificar la conexión entre emociones y pensamientos y comprender los mecanismos que llevaron al paciente a distanciarse de emociones y pensamientos adaptativos, como el optimismo y la capacidad para afrontar eficazmente los problemas de adicción.
    - Examinar y evaluar patrones de pensamiento negativos, tales como "Soy impotente" y "No tengo control sobre mi consumo de alcohol", y evaluar colectivamente la conexión entre estos pensamientos y la realidad.
    - Identificar pensamientos alternativos y construir una nueva narrativa que enfatice las fortalezas y capacidades del paciente, tales como "Soy responsable" y "Puedo cambiar" (Aharonovich et al., 2018).
    - Evaluar la importancia de los pensamientos positivos, identificar eventos que ilustren una nueva perspectiva sobre la realidad, y fortalecer la habilidad del paciente para extraer

conclusiones más adaptativas acerca de sus capacidades para liberarse de la adicción, reducir el consumo de sustancias y romper relaciones interpersonales dañinas (Marom et al., 2011).

- Convertir pensamientos automáticos negativos y desadaptativos, como "Soy un fracaso", "Nunca dejaré de fumar cannabis" o "Me decepciono a mí mismo y a quienes me rodean", en pensamientos positivos basados en éxitos pasados, tales como "He reducido mi consumo de sustancias antes", "Tomé la decisión de cambiar y la mantuve" o "Puedo persistir en dejar el juego" (Beck, 2011).
- Profundizar la conciencia de los procesos mentales de filtrado emocional, lo que conduce a cambios en los patrones de comportamiento, reduciendo la dependencia de sustancias que alteran el estado de ánimo y reforzando el sentido de control y competencia del paciente (Aharonovich et al., 2018).

Etapa Seis: Experiencia Emocional Correctiva

Esta etapa se centra en transformar una emoción en otra dentro de la relación interpersonal entre el terapeuta y el paciente que enfrenta la adicción. La etapa incluye:

- Fortalecer la capacidad del paciente para expresar nuevas emociones positivas al terapeuta, como la asertividad y la confianza en su capacidad para adaptarse a la realidad. Estas nuevas emociones

reemplazarán las emociones negativas correspondientes que porta, como la inseguridad y la desesperación (Greenberg, 2024).
- Estimular al paciente a expresar emociones positivas intensas, demostrando que ha adquirido el lenguaje del cambio emocional (Hohama, 2012), e integrarlas en una nueva narrativa (Greenberg & Elliott, 1996), en la que el orgullo, el amor propio y el sentido de competencia están en primer plano.
- Fortalecer la capacidad del paciente para comprender su mundo interior y experimentar emociones positivas sintonizadas con la realidad (Connors et al., 2013).

La actividad clínica, que incluye la transformación emocional, la experiencia emocional correctiva y la integración cognitiva, se ilustra en un fragmento de una conversación terapéutica con Steven, una persona que lucha contra la adicción al juego.

Steven, un hombre de 45 años, casado y con tres hijos adultos, trabaja en ventas. En los últimos dos años y medio, comenzó a apostar en línea, principalmente en juegos de blackjack, de forma descontrolada. Al principio, jugaba sin dinero, pero luego empezó a invertir cien dólares cada noche, y en el último año, las cantidades alcanzaron cientos de dólares casi a diario.

En una sesión con el terapeuta, Steven comparte que está impactado por la situación en la que se encuentra: "Nunca pensé que terminaría así", dice. "No puedo dejar la computadora o el teléfono, y todo el día pienso en el juego."

Menciona que en el pasado pudo dejar de jugar durante cuatro meses, pero volvió al mundo del juego.

La situación empeoró considerablemente después de que su esposa descubriera que no había dinero en su cuenta bancaria y que habían acumulado deudas de doscientos mil dólares. Ella le dio un ultimátum: tratar el problema de la adicción o salir de la casa. Aunque aún vive en casa, Steven describe una desconexión dolorosa entre él y su esposa en los últimos meses.

Steven acudió a terapia sin un deseo genuino: "No me veo como un adicto como los otros aquí", le dice al terapeuta. "Creo que puedo parar por mi cuenta." Sin embargo, durante las sesiones, aparece bloqueado y cansado, a menudo expresando frustración y decepción consigo mismo y con su situación.

El terapeuta responde suavemente: "Siento la tristeza y el dolor que estás experimentando, la incapacidad para dejar el juego y la desconexión con tu familia. Te cuesta hablar sobre lo que estás viviendo, sobre tus emociones en este momento. ¿Estoy entendiendo esto correctamente?"

Steven asiente. "Eso es, soy yo. No hablo de emociones, ni siquiera con mi esposa. Pero te puedo decir que estoy decepcionado de mí mismo. No entiendo cómo caí en esto. Al principio fue 'solo un poco', pero ahora... las deudas, la distancia con la familia... es una pesadilla."

El terapeuta pregunta suavemente: "¿Puedes mirar un poco hacia atrás? ¿Qué te impide hablar de las cosas? ¿Qué te detiene?"

Steven hace una pausa y responde: "Creo que está relacionado con mi padre. Todos estos años, me fue difícil con él. Me menospreciaba y me humillaba. Intenté acercarme, pero nunca funcionó. No he hablado con él en muchos años. Eso me retrasó en la vida: abandoné el ejército, trabajé en empleos eventuales y no llegué a nada. El juego, extrañamente, me daba energía, pero está claro que es temporal — y con ello viene el precio."

El terapeuta escucha atentamente. "Siento que la soledad, la inseguridad y la vergüenza que experimentas provienen de los daños que sufriste en tu relación con tu padre. Son sentimientos que te han acompañado hasta hoy y tienen un impacto significativo en ti. Me pregunto — ¿crees que el juego realmente compensa estos sentimientos, o solo intensifica tu frustración y pesimismo?"

Steven la mira y permanece en silencio.

"Creo", continúa el terapeuta, "que aquí, en nuestro tratamiento, hay una oportunidad para ti. Una oportunidad para reflexionar sobre tus experiencias de una manera nueva, para comprender las emociones que moldean tu vida y para cambiar algunas de ellas por emociones de control y confianza. Esto podría conducir a una reconexión renovada con tu familia y tu esposa, y también a abordar el problema del juego de manera diferente. Ya lo has hecho antes: dejaste de jugar por un tiempo y mostraste responsabilidad hacia tu familia. Tienes fuerza, y creo que puedes hacerlo de nuevo."

Terapia Centrada en las Emociones: Tareas Clínicas Complementarias

Greenberg, Timulak y otros investigadores han presentado etapas clínicas destinadas a la aplicación práctica del proceso de transformación emocional en pacientes. Estas etapas se centran en procesar dolores centrales, desarrollar procesos de auto-calmado y utilizar herramientas terapéuticas adaptadas para trabajar con poblaciones que enfrentan adicciones (Timulak & McElvaney, 2018; Micheli et al., 2016).

Procesamiento del Dolor Central

1. Guiar al paciente para exponer los dolores centrales: Se guía al paciente que lucha contra la adicción para que revele los dolores centrales que experimenta, tales como la soledad, la vergüenza y el miedo, y para que los enfrente mientras identifica los factores que contribuyeron a su desarrollo (Greenberg, 2024).
2. Profundizar en los recuerdos relacionados con el dolor central: Ahondar en recuerdos asociados con el dolor emocional central que siente el paciente, como eventos que causaron tristeza o impotencia, y examinar su contexto.
3. Identificar y procesar sensaciones físicas poco claras: Identificar y procesar las sensaciones corporales que el paciente puede no comprender pero que están relacionadas con un dolor emocional profundo, como la soledad derivada de experiencias de humillación o abuso.
4. Invitar al paciente a describir las sensaciones físicas en el presente: Animar al paciente a describir las sensaciones físicas que experimenta durante momentos de dolor emocional aquí y ahora, y a ver la conexión entre esas sensaciones físicas y la experiencia emocional.

5. Fomentar la expresión del dolor por rechazo o abandono: Incentivar al paciente a expresar el dolor causado por sentimientos de rechazo o abandono, ayudándole a afrontar la tendencia a evitar expresar estas emociones.
6. Promover la autocompasión: Motivar al paciente a desarrollar compasión hacia sí mismo y a reconocer las oportunidades perdidas que ha experimentado en la vida debido al consumo prolongado de sustancias, junto con cultivar orgullo por sus fortalezas y logros.
7. Procesar conjuntamente la necesidad de ser amado, aceptado y protegido: Trabajar con el paciente para procesar su necesidad de ser amado, aceptado y protegido, y cómo esta necesidad insatisfecha afecta sus emociones y comportamientos.
8. Procesar la autocrítica: Trabajar la crítica dirigida hacia sí mismo que el paciente puede albergar, como el desprecio o el desdén, y reforzar su capacidad para aceptarse, cultivar una autoimagen positiva y asumir la responsabilidad del cambio.
9. Resolver asuntos emocionales inconclusos: Abordar sentimientos inconclusos, como el rechazo interpersonal, el juicio y el miedo, y examinar cómo afectan la vida presente del paciente.
10. Desarrollar la "ira protectora": Ayudar al paciente a desarrollar una ira protectora que le permita poner límites y sentirse capaz de defenderse contra el rechazo y la humillación derivados del consumo prolongado de sustancias.

Auto-Calma

1. Desarrollar la capacidad del paciente para imaginar experiencias sensoriales positivas: Ayudar al paciente a desarrollar la habilidad de imaginar imágenes, sonidos y olores. La actividad incluye tomar respiraciones profundas, enfocarse en la respiración, las sensaciones y eventos significativos que el paciente ha experimentado.
2. Documentar emociones relacionadas con la abstinencia: Animar al paciente a registrar emociones como el miedo y la vergüenza que están conectadas con la dificultad de abstenerse del consumo de sustancias.
3. Registrar sentimientos positivos de competencia y control: Documentar sentimientos fuertes de competencia y control que el paciente ha experimentado en la última semana mientras describe cómo afrontó el mundo de la adicción.
4. Imaginar un evento con emociones desadaptativas: Incentivar al paciente a imaginar un escenario en el que experimenta una emoción desregulada, como la ira hacia sí mismo o la desesperanza, en el contexto de sus dificultades con la adicción.
5. Imaginar un evento con emociones positivas: Animar al paciente a imaginar un escenario en el que experimenta una emoción positiva intensa, como el orgullo por sí mismo o un sentido de valía, indicando su capacidad para enfrentar su consumo excesivo de sustancias.

6. Diálogo terapeuta-paciente sobre emociones intensas: Facilitar una conversación entre terapeuta y paciente en la que el paciente expresa emociones intensas y las escribe.
7. Expresar necesidades emocionales: Invitar al paciente a expresar necesidades emocionales que pueda sentir insatisfechas, como amor y apoyo.
8. Identificar emociones positivas de fortaleza y valía: Animar al paciente a identificar emociones que reflejen que es una persona buena o fuerte, capaz de enfrentar dificultades.
9. Desarrollar la "ira protectora" para afrontar miedo y ansiedad: Fomentar la "ira protectora" en el paciente, que le permita confrontar sentimientos de miedo y ansiedad, con afirmaciones como "Puedo plantarme frente a las personas que me decepcionaron" o "No dejaré que me lastimen de nuevo".

Lenguaje de transformación emocional: Retroalimentación del terapeuta al paciente

- "Quiero ayudarte a reducir la culpa que sientes y enfocarte en el sentido de control y capacidad que demostraste hace cuatro meses cuando intentaste mantener la abstinencia del alcohol."
- "Veo que, a diferencia del pasado, en nuestra conversación actual puedes enfocarte en tu fortaleza y orgullo, lo cual se refleja en el proceso de cambio que has atravesado."

- "¿Crees que tu negación del miedo al fracaso en el manejo de problemas familiares está relacionada con una falta de valoración de tus habilidades? Has progresado significativamente en tu capacidad para adaptarte y asumir responsabilidades dentro del marco terapéutico. Creo en ti."
- "Estás expresando enojo hacia el equipo de tratamiento, pero puede reflejar ansiedad por no adaptarte al plan terapéutico. Sin embargo, ya has demostrado fuerza y autocontrol al enfrentar dificultades sociales dentro del entorno de tratamiento. Confío en que superarás este obstáculo también."
- "Me pregunto qué te está bloqueando para expresar tus sentimientos. Tienes un deseo sincero de cambiar, que es evidente en cómo has cortado lazos con tu antiguo círculo social. Estoy seguro de que seguirás progresando como esperas."
- "Estás atrapado entre sentirte desesperanzado respecto a mejorar tu relación con tu padre y saber que puedes resolver problemas y tomar decisiones en otras áreas. Creo que superarás la crisis actual y actuarás de manera diferente esta vez."
- "¿Qué te pone ansioso respecto a tu relación con tu pareja? El historial de fracasos en el manejo de la adicción puede dejarte inseguro, pero no eres la misma persona. Hoy estás activo en círculos sociales y buscando soluciones a tus dificultades. Soy optimista sobre tu futuro."
- "Hablas con honestidad sobre el dolor que sentiste por el abandono de tu familia. Sin embargo, muchas

veces has mostrado determinación para afrontar la soledad tras tu divorcio. Tienes la fortaleza para enfrentar también el problema de la adicción."

- "¿Crees que la desconexión reciente se debe a la falta de confianza en tu habilidad para alcanzar las metas que te has propuesto? Escucho dos voces internas en ti: una a favor y otra en contra del cambio. Cuéntame cómo te sientes."
- "Siento que experimentas vergüenza y enojo hacia ti mismo por la dificultad de mantener una relación con tus hijos, pero estás haciendo esfuerzos para reconectarte con tu familia. Has intentado de muchas maneras ser un padre involucrado. Esta complejidad no disminuye tu confianza en ti mismo ni tu optimismo."
- "La decisión de unirte a un programa de tratamiento de salud mental es motivo de orgullo. Has demostrado control y responsabilidad, y estás realizando cambios genuinos."
- "La soledad que sientes tras distanciarte de tu padre es comprensible, especialmente considerando el abandono pasado. Empatizo con tu sensación de inseguridad, pero creo en tu capacidad para formar conexiones sociales significativas y tomar el control de tu vida."
- "Veo tu impresionante progreso en el proceso. Eres asertivo y muestras excelentes habilidades para alcanzar las metas que te has fijado para manejar el consumo de sustancias. Creo en ti."
- "Tu tristeza y enojo hacia tus padres, que no te han apoyado, son comprensibles. Sin embargo, puedes

recordar tu capacidad demostrada para tomar buenas decisiones y crear vínculos significativos. Confío en que superarás también esta crisis."

"No conocer tu pasado significa estar esclavizado por él: la conciencia del pasado permite una sensación de liberación." (Freud)

6

CAMBIO EMOCIONAL, CAMBIO CONDUCTUAL: UN TRATAMIENTO A CORTO PLAZO CENTRADO EN LAS EMOCIONES

"Puedo sentir culpa por mis acciones pasadas y miedo por el futuro, pero solo en el presente puedo actuar. La capacidad de experimentar, actuar y cambiar el presente es un componente clave de la salud mental" (Maslow).

Las necesidades emocionales insatisfechas, como la autoestima, la competencia y la seguridad a lo largo de la vida, a menudo pueden conducir al desarrollo de un esquema emocional que no se ajusta a la realidad (Timulak, 2015). Este esquema suele caracterizarse por sentimientos de ansiedad, ira y tristeza, que frecuentemente acompañan a las personas que luchan contra la adicción durante períodos prolongados de sus vidas. Estas emociones contribuyen a intentos de autocuración, a veces a través del consumo excesivo de sustancias. Para las personas que enfrentan la adicción, es crucial desarrollar un plan de tratamiento personalizado que aborde simultáneamente los desafíos emocionales y la adicción en sí, adaptado a las necesidades únicas de cada paciente. Dicho plan tiene como objetivo promover el cambio emocional, fomentar la transformación emocional y facilitar el cambio conductual, incluyendo una mejor funcionalidad y una reducción de la dependencia de sustancias, tal como se detalla en los capítulos de este libro. Este capítulo presenta un marco de tratamiento focalizado en las emociones a corto plazo para la adicción. El marco enfatiza los principios clave de intervención, centrándose en sesiones terapéuticas estructuradas. La serie de sesiones sigue una progresión lógica con tareas clínicas claramente definidas. Las sesiones se llevan a cabo semanalmente, ya sea en una clínica o en un centro especializado en tratamiento de adicciones, a lo largo de dieciséis encuentros.

MARCO DE TRATAMIENTO EMOCIONAL FOCALIZADO A CORTO PLAZO

Construcción de Rapport y Establecimiento de una Relación Interpersonal

Durante estas sesiones, el terapeuta proporciona al paciente información sobre el enfoque terapéutico centrado en las emociones, el fenómeno del consumo de sustancias y el comportamiento adictivo. Se realiza una evaluación inicial de la condición del paciente y de los principales problemas relacionados con las sustancias. Además, el terapeuta ofrece asistencia práctica con preocupaciones inmediatas que ocupan al paciente, como cuestiones médicas, empleo, vivienda o el manejo de sus derechos. El terapeuta y el paciente discuten los objetivos del tratamiento, tanto en el ámbito emocional como respecto al consumo excesivo de sustancias y comportamientos adictivos. Se pone énfasis en crear una conexión personal, construir una confianza inicial, reducir los sentimientos de impotencia y fomentar expectativas positivas sobre la capacidad del paciente para lograr un cambio emocional y alterar los patrones relacionados con las sustancias. Esta etapa suele abarcar dos sesiones.

Evaluación de la Adicción

El proceso diagnóstico busca establecer una conexión directa y auténtica con el paciente potencial y construir una alianza terapéutica basada en la colaboración para moldear el proceso de tratamiento, comprendiendo a la vez las fortalezas y la capacidad de cambio del paciente (Gibson, 2011). La evaluación no se limita a una observación objetiva, sino que también implica un proceso de aprendizaje interpersonal y emocional (Shabi, 2023) orientado a entender las características personales, emocionales y cognitivas del paciente. El proceso se centra en comprender la conducta actual del paciente y analizar las influencias familiares y ambientales sobre su funcionamiento general (Roger, 1951; Yalom, 2019). En la evaluación centrada en las emociones, se presta atención a comprender las emociones profundas del paciente, los factores etiológicos que conducen a la adicción y el trasfondo emocional que subyace a sus sentimientos. El siguiente fragmento de una sesión inicial con Bruce ilustra este enfoque:

Bruce se sienta pesadamente en la silla frente al terapeuta, evitando el contacto visual.

El terapeuta inicia, "Debo decir que, incluso en el poco tiempo que nos conocemos, percibo la tristeza y decepción que sientes por no poder dejar de beber. Te escucho y también la crítica que tienes sobre el sistema de tratamiento. Espero que me des la oportunidad de conocerte mejor y entender qué es lo que realmente te impide enfrentar este problema."

Bruce asiente lentamente con la cabeza. "No es que no lo haya intentado", dice en voz baja, casi disculpándose. "Ya estuve en varios programas de tratamiento. Intenté explicarles a los terapeutas por lo que estaba pasando, qué me costaba, pero... supongo que no pude. Hay muchas cosas que no logro resolver. Realmente no entiendo por qué no puedo dejar de beber. Tal vez tú puedas descubrirlo."

"Bruce", responde el terapeuta, "por lo que me has contado hasta ahora, creo que hay espacio para hablar de temas que quizás no hayas abordado antes. Tal vez esta sea una oportunidad para dar un paso significativo. Por ejemplo, podríamos hablar de los eventos que llevaron a tu distanciamiento con tu madre, la culpa y el malestar que sientes por ellos. Creo que hablar sobre eso podría aliviar un poco la carga que llevas."

Bruce permanece en silencio, aparentemente perdido en sus pensamientos. El terapeuta continúa, "Por lo que entiendo, como parte de nuestro trabajo juntos, podemos explorar las barreras que te impiden enfrentar tu consumo de alcohol. Será un viaje terapéutico, pero creo que eres capaz de emprenderlo. ¿Estás dispuesto a participar en este proceso?"

El proceso diagnóstico, como se ilustra en el caso de Bruce, busca brindar al paciente una oportunidad para comprender las razones profundas de los obstáculos que ha enfrentado en sus intentos de cambio. El proceso se basa en una investigación emocional empática, alentando al paciente a compartir sus experiencias emocionales — tanto primarias como secundarias — sin reservas (Greenberg, 2015). La evaluación ayuda a identificar emociones nucleares dolorosas, como la desesperanza, que pueden contribuir a bloqueos emocionales y conductuales (Elliott, 2004).Como parte de la evaluación, el terapeuta transmite un mensaje de aceptación incondicional mientras trabaja con el paciente para entender la narrativa emocional detrás de sus dificultades. El proceso aborda la evitación que tiene el paciente de sus emociones, como el miedo y el pesimismo, y examina cómo estos sentimientos impactan en su funcionamiento diario (Greenberg, 2010).

Etapas de la Evaluación

Historia Personal y Funcionamiento Diario

El terapeuta indaga sobre la historia personal del paciente, las crisis que ha experimentado y la conexión entre esos eventos y sus dificultades actuales. Se invita al paciente a compartir abiertamente y sin juicio sus estrategias de afrontamiento frente a la adicción, su capacidad de cambio y las barreras personales y ambientales con las que se ha encontrado. La evaluación también incluye una revisión de las actividades diarias del paciente, como la educación, el trabajo y el ocio, y un intento de entender su significado para él o ella. Además, el terapeuta examina las características de las relaciones interpersonales del paciente, incluyendo su uso de redes sociales y la frecuencia de consumo de sustancias y alcohol. El objetivo es mapear patrones emocionales y conductuales en la vida cotidiana que profundicen las barreras para el cambio (Hohman, 2012).

Información de Fuentes Externas

Con el consentimiento del paciente, el terapeuta puede obtener informes e información psicosocial de fuentes con las que el paciente ha estado vinculado en el pasado. Además, reuniones con familiares, amigos, conocidos e incluso el empleador del paciente pueden aportar perspectivas valiosas sobre las características emocionales y conductuales únicas del paciente. Esta información permite al terapeuta identificar fortalezas tanto evidentes como ocultas en el paciente y reforzarlas (Sanders, 2000).Sin embargo, aunque las reuniones con familiares pueden ofrecer perspectivas importantes, se debe actuar con cautela para evitar interpretaciones inexactas. Los familiares de personas con adicciones a menudo enfrentan sus propias dificultades o malestar, incluyendo adicciones, lo que puede influir en cómo representan al paciente. Pueden negar, minimizar o exagerar los problemas de adicción del paciente, haciendo que la información proporcionada sea parcial o poco fiable (Sanders, 2000). Según Tombs (2005), los miembros de la familia pueden adoptar un "código de silencio" respecto a la adicción del paciente, a veces como resultado de la decepción por la falta de éxito en la recuperación a lo largo de los años. Un terapeuta profesional debe reconocer estas actitudes e identificar dinámicas familiares patológicas (homeostasis), donde los miembros de la familia resisten el cambio o el proceso terapéutico para mantener el status quo actual. En ocasiones, los familiares pueden restar importancia a la relevancia de los cambios que el paciente busca, enfatizando las dificultades observadas a lo largo de los años. Cuando no es posible obtener información auténtica de los familiares, se puede consultar a recursos sanitarios y comunitarios en coordinación con el paciente. A pesar de estas complejidades, involucrar a los familiares sigue siendo sumamente valioso. Amplía la comprensión emocional y conductual del paciente y pone de relieve patrones familiares problemáticos que afectan su funcionamiento. Incluir a la familia en el proceso diagnóstico y terapéutico puede fortalecer al paciente y apoyar los cambios que busca lograr (Connors et al., 2013).

Apoyo Práctico

Durante la fase de evaluación, es crucial brindar al paciente apoyo práctico para acceder a sus derechos y resolver problemas relacionados con el empleo, la vivienda y las deudas financieras. Este apoyo no solo es práctico sino también emocional, fortaleciendo la conexión interpersonal entre el terapeuta y el paciente y aumentando la disposición del paciente a participar en el proceso terapéutico (Flores, 2004; Hohman, 2012).

Evaluación de la Dependencia a Sustancias

La evaluación debe centrarse en el nivel de dependencia a sustancias del paciente, los patrones de uso, la frecuencia y las implicaciones emocionales y funcionales de su adicción. Se utilizan herramientas como el "Assist" y el "ASI", conocidas por su fiabilidad para mapear patrones de adicción y evaluar áreas clave de la vida del paciente —incluyendo el funcionamiento familiar, la salud mental y el desempeño ocupacional— (OMS, 2010; SAMHSA, 2013).

Las pruebas de drogas y alcohol durante la fase de evaluación o tratamiento siguen siendo un tema controvertido. Por un lado, las pruebas aportan claridad sobre la condición del paciente. Por otro, pueden provocar ansiedad y miedo, lo que podría socavar la conexión interpersonal y la confianza. Muchos terapeutas prefieren confiar en los autoreportes del paciente para mantener un ambiente de respeto y confianza. Como describió un terapeuta: "Estas pruebas crean una tensión innecesaria y desplazan el foco de los problemas relacionados con la confianza hacia la burocracia. Deterioran la oportunidad de construir una relación terapéutica significativa." Un fragmento de una conversación terapéutica con Jason ilustra los dilemas en torno a la cuestión del monitoreo de sustancias psicoactivas y su impacto en el proceso terapéutico.

Jason, un hombre de 27 años, está sentado en la sala de terapia en otro intento más por entenderse a sí mismo y su situación. Durante los últimos cuatro años ha consumido cocaína, una sustancia que comenzó a usar en reuniones sociales. Comparte con el terapeuta la sensación de liberación que la sustancia le proporcionó, pero también el costo emocional que está pagando: tristeza, ansiedad y profunda decepción consigo mismo.

"Al principio me hacía sentir bien, incluso increíble," dice, "pero ahora siento que he perdido el control. He intentado dejarlo tres veces por mi cuenta. Cada vez terminó igual — volviendo a usar."

El terapeuta escucha con empatía. "Escucho que has hecho esfuerzos significativos para dejarlo," dice. "Pero también escucho tu miedo — el miedo a no poder manejar emociones como la tristeza y la ansiedad que describes. Esas sensaciones pueden ser muy confusas. Percibo que también estás enojado contigo mismo, quizá porque no pudiste dejarlo como esperabas."

Jason asiente lentamente, sus ojos reflejan tristeza.

El terapeuta continúa: "Pero también veo otra cosa en ti — la fuerza que se necesita para hablar de esto, la disposición a mirar hacia dentro e intentar entender. Eso no es algo menor. Es un paso significativo e importante. Creo que para avanzar, primero necesitamos entender el trasfondo de estos sentimientos y crear un plan juntos. El plan se centrará no solo en cambiar tus patrones de consumo de cocaína, sino también en atender las experiencias emocionales que surgen para ti."

Jason muestra preocupación. "¿Pero qué hay de las pruebas de monitoreo de drogas que hacen aquí?" pregunta. "Me ponen muy nervioso."

El terapeuta sonríe suavemente. "Entiendo tu preocupación," dice, "pero quiero aclarar que no estás obligado a realizar esas pruebas aquí con nosotros. Confío en que compartirás si ocurre una recaída en el consumo de cocaína u otra sustancia. Nuestra meta no es presionar, sino crear un espacio en el que te sientas seguro para hablar sobre todo lo que estás experimentando."

Hace una breve pausa, dando tiempo a Jason para procesar sus palabras. "Realmente creo que esto puede ser una oportunidad de cambio para ti," añade. "¿Te gustaría unirte al tratamiento aquí en el centro?"

La conversación con Jason resalta los principios de las intervenciones interpersonales focalizadas en las emociones, donde se transmite un mensaje claro al cliente: el terapeuta lo ve como honesto, responsable y capaz de autorregulación. Construir una conexión de apoyo como esta anima a los clientes a compartir abiertamente sus experiencias, incluyendo recaídas en el consumo de sustancias, y a buscar ayuda para afrontarlas. Confiar en el cliente no solo es un signo de respeto, sino también una herramienta que aumenta su sentido de responsabilidad personal y motivación para el cambio emocional y conductual (Tudor & Meery, 2006; Wachtel, P.L., 1993).

Evaluación Emocional

El proceso de evaluación emocional se centra en identificar y comprender aspectos poco claros del relato emocional del cliente. El terapeuta busca descubrir las fuentes de negación emocional o la incapacidad para experimentar plenamente las emociones. Este proceso se basa en identificar emociones primarias expresadas por el cliente, como sentimientos inmediatos de tristeza, y emociones secundarias, que son reacciones a otras emociones, como la desesperanza derivada de la inseguridad. La identificación precisa de estos tipos emocionales resulta fundamental para el proceso diagnóstico. Por ejemplo, una emoción como la vergüenza puede presentarse tanto como primaria como secundaria, lo que requiere una exploración más profunda del contexto en que surge (Timulak & Mcelvaney, 2018).

Las emociones primarias desadaptativas, que emergen de experiencias traumáticas como el rechazo por figuras importantes de apego, pueden generar baja autoestima (Greenberg, 2017, 2024). Estos sentimientos —como la desesperanza y la indefensión— se incrustan en la memoria emocional del cliente y forman un patrón emocional recurrente. El proceso de evaluación enfatiza obtener conocimientos sobre cómo se manifiesta este patrón y cómo influye en la autoconfianza y la posición social del cliente.

El terapeuta busca ayudar al cliente a identificar los puntos de dolor emocional centrales y comprender su conexión con comportamientos cotidianos. El proceso también examina emociones pasivas en el cliente y distingue entre emociones secundarias, como la ira, y emociones primarias subyacentes, como la tristeza. Una evaluación emocional eficaz permite al cliente comprender las causas raíz de sus dificultades, escuchar sus emociones y reconocer las primeras maneras de abordarlas dentro del marco de la terapia focalizada en las emociones (Greenberg, 2015). Los hallazgos de la evaluación y el plan de intervención se presentan al cliente y se documentan en su registro de tratamiento.

Normalmente, la etapa de evaluación se realiza en dos sesiones.

COMPROMISO MOTIVACIONAL PARA EL CAMBIO EMOCIONAL

Ruth, una mujer de 26 años, ha luchado aproximadamente cinco años con una adicción a medicamentos recetados. Fue referida al tratamiento por su médico de cabecera. Durante su encuentro con la terapeuta, Ruth admite abiertamente que tiene baja motivación para involucrarse en el proceso.

"Realmente no creo tener un problema," dice, y añade que la idea de tratarse a sí misma le resulta extraña. Sin embargo, la terapeuta percibe que Ruth está angustiada y necesita ayuda.

Una de las cuestiones centrales en el proceso terapéutico es cómo motivar a personas como Ruth, que presentan bajos niveles de motivación, a considerar la posibilidad de recibir apoyo emocional enfocado. El enfoque de la entrevista motivacional, introducido por Miller y Rollnick, proporciona herramientas que habilitan a los clientes para construir confianza y capacidad de cambio (Miller & Rollnick, 2002). Este enfoque enfatiza las relaciones interpersonales como base para el proceso de cambio, similar al enfoque focalizado en las emociones, y puede aplicarse en diversas etapas de la terapia. Fortalece los procesos emocionales, cognitivos y conductuales. El uso de la empatía, el apoyo y la aceptación puede alentar al cliente y aumentar su disposición a participar en la terapia (Miller & Rollnick, 2002).

El Enfoque de la Entrevista Motivacional

La entrevista motivacional implica el uso de un diálogo terapéutico continuo que profundiza en el lenguaje del cambio. Este diálogo ayuda al cliente a comprender la importancia del cambio personal y potencia su confianza en la capacidad para lograrlo. El terapeuta identifica las emociones centrales del cliente, como la ira o la inseguridad, y emplea una escucha reflexiva que resalta sus fortalezas y recursos positivos (Miller & Moyers, 2017).

Desafíos Motivacionales en Personas con Adicciones

La investigación ha demostrado que individuos que usan sustancias psicoactivas como mecanismo de defensa contra experiencias traumáticas suelen presentar baja motivación para involucrarse en tratamientos dirigidos a reducir o cesar el consumo. Para muchos, las sustancias funcionan como un "escudo" contra emociones como el miedo y la tristeza (Sanders, 2000; Shabi, 2023). En el pasado, ciertos enfoques terapéuticos enfatizaban la confrontación directa con estos patrones conductuales y colocaban la autoridad del terapeuta en el centro. Sin embargo, este método es inconsistente con los principios de la entrevista motivacional. En cambio, este enfoque se centra en empoderar al cliente mediante el apoyo emocional y relaciones colaborativas (Deleon, 2010). En el contexto de la terapia focalizada en las emociones, terapeuta y cliente exploran juntos la ambivalencia respecto al cambio. Se alienta a los clientes a expresar tanto sus razones para cambiar como los obstáculos que lo impiden (Miller & Rollnick, 2013). Rosengren (2018) destaca que modificar la dinámica tradicional entre terapeuta y cliente —donde el terapeuta impulsa el cambio y el cliente lo resiste— puede ayudar a superar esta ambivalencia. El terapeuta ayuda al cliente a identificar tanto factores subjetivos como objetivos que dificultan el cambio, como los sentimientos de vergüenza del cliente o la presión positiva de familiares.

La reflexión como herramienta para facilitar el cambio

Miller y Rollnick (2013) describen tres tipos de reflexión que fomentan el cambio:

1. Reflexión simple: Parafrasear las palabras del cliente, por ejemplo, "Sientes culpa y confusión por no haber logrado dejar de beber. ¿Te estoy entendiendo correctamente?"
2. Reflexión compleja: El terapeuta destaca el significado subyacente detrás de las palabras del cliente, por ejemplo, "¿Podría ser que la soledad que has sentido desde que tu esposa se fue esté relacionada con la pasividad que muestras en las sesiones de terapia?"
3. Reflexión ampliada: Presentar la ambivalencia del cliente y resumir el proceso hasta el momento, por ejemplo, "Percibo que estás evitando enfrentar tu ansiedad y falta de confianza en ti mismo, lo que te dificulta decidir unirte a un programa de rehabilitación. ¿Qué piensas?"

Preguntas abiertas y proceso dialógico

Rosengren (2018) recomienda usar preguntas abiertas que profundicen la comprensión del terapeuta sobre el significado que el cliente atribuye al cambio. Por ejemplo:

- "¿Cómo ves las diferencias entre tu vida pasada y lo que estás experimentando ahora?"
- "¿Qué te mantiene en tu situación actual, a pesar de las dificultades que has descrito?"

Un diálogo abierto, acompañado de optimismo y creencia en las fortalezas del cliente, permite que el terapeuta y el cliente exploren conjuntamente el potencial de cambio.

Establecimiento de metas claras y creación de disonancia cognitiva

Un método para motivar el cambio consiste en establecer objetivos concretos, como reducir los sentimientos de soledad, formulados en tiempo presente. El terapeuta ayuda al cliente a procesar la brecha entre su comportamiento actual (por ejemplo, uso de sustancias) y sus aspiraciones (por ejemplo, vivir responsablemente sin sustancias). Este proceso, conocido como disonancia cognitiva, es una herramienta clave para aumentar la motivación hacia el cambio.

Hettema (2009) describe cómo mecanismos cognitivos inconscientes, como la evitación de pensamientos o patrones, pueden impedir que los clientes reconozcan las inconsistencias en su comportamiento. Esta falta de conciencia frecuentemente deja al cliente resistente al cambio. Fortalecer la conciencia del cliente sobre estos mecanismos, que a menudo tienen raíces en experiencias traumáticas, puede ser fundamental para fomentar el cambio. Por ejemplo, el terapeuta puede usar la escucha reflexiva para explorar sentimientos de decepción, tristeza e impotencia que provienen de recuerdos de humillación o abuso. Podría identificar creencias disfuncionales, como la percepción de insuficiencia en comparación con las habilidades de otros. Al presentar perspectivas alternativas y positivas, el terapeuta ayuda al cliente a reconstruir su narrativa personal, integrando emociones y pensamientos que enfatizan la confianza y la autoeficacia.

Las fortalezas del paciente como medio para fomentar el cambio

Rosengren y Apodaca et al. (2015, 2018) destacan la importancia de resaltar los rasgos positivos y las fortalezas del cliente. En lugar de centrarse en analizar decisiones pasadas y sus resultados, este enfoque prioriza las reflexiones iniciales del cliente sobre el cambio. Conectarse con estas fortalezas permite que el cliente reconsidere su resistencia y explore nuevas estrategias de afrontamiento.

Apoyo externo y motivación integrada

Loke y Schattke (2018) subrayan el impacto significativo de influencias externas, como familiares, fuerzas del orden y la comunidad. Estas influencias pueden ayudar a los clientes a realizar cambios a corto plazo cuando se combinan con la motivación interna existente. Este enfoque integrado permite que incluso los clientes en grave sufrimiento superen barreras personales.

Procesos de intervención para el cambio

1. Precontemplación

Los clientes que luchan contra la adicción pueden experimentar una etapa de "precontemplación", donde no reflexionan activamente sobre la necesidad de reducir o cesar el consumo de sustancias (Miller y Rollnick, 2002). Para muchos, las sustancias psicoactivas se perciben como una "medicación" que alivia experiencias traumáticas. En esta etapa, el miedo a renunciar a estas sustancias puede dejar a los clientes con sensación de impotencia y en mayor riesgo.

- **Contemplación**

En esta etapa, el terapeuta guía al cliente en un proceso de autorreflexión, enfocándose en experiencias emocionales significativas como la ira o el dolor. Esta reflexión ayuda a los clientes a reevaluar sus prioridades. Los terapeutas pueden hacer preguntas como: "¿Qué lugar ocupan tu familia, tu salud y el uso de sustancias en tu vida? ¿Es momento de reconsiderar tus prioridades?"

2. Construcción de la motivación

Esta etapa implica fomentar la motivación interna del cliente para el cambio. El objetivo es fortalecer la determinación, disposición y persistencia del cliente para efectuar cambios mientras mejora su funcionamiento y adaptación social. En este proceso terapéutico, enfatizar la autonomía del cliente es crucial. El terapeuta permite que el cliente decida de forma independiente si se compromete con el tratamiento y establezca sus propias metas de cambio. Este enfoque apoya que el cliente lleve su "yo auténtico" al diálogo terapéutico (Miller y Moyars, 2017). El proceso de cambio no requiere necesariamente establecer metas específicas, como una fecha para cesar el consumo. En cambio, se centra en potenciar la autoestima y la confianza del cliente, que finalmente le permitirán definir sus objetivos personales (Naar y Safren, 2017; Zuckoff, 2001).

Conclusión: El cliente es quien dirige el proceso de cambio

La entrevista motivacional enfatiza explorar la ambivalencia del cliente e identificar las razones internas que dificultan o apoyan el proceso de cambio. Para lograr esto, el terapeuta crea un ambiente de apoyo donde el cliente se siente seguro para expresar sus emociones y pensamientos. Este proceso implica fortalecer la capacidad del cliente para expresar compromiso y comprensión del cambio, mientras se enfatiza el potencial de recuperación personal y mejora funcional. Este enfoque minimiza la resistencia al cambio, cultiva un "lenguaje del cambio" y compromiso, y refuerza el deseo y la capacidad del cliente para lograrlo (Rosengren, 2018). El terapeuta ayuda al cliente a imaginar cómo podría ser su futuro después del cambio, animándolo a reconocer los impactos positivos en su salud, funcionamiento y bienestar general.

El enfoque de la entrevista motivacional ofrece un marco holístico que se centra tanto en aumentar la motivación interna como en utilizar el apoyo externo. Considera al cliente como un socio activo, liderando el proceso de cambio y construyendo confianza en sus capacidades. Al integrar las herramientas y etapas descritas, terapeutas y clientes pueden trabajar colaborativamente hacia la recuperación, el crecimiento y una mejor calidad de vida.

Esta etapa típicamente abarca dos sesiones.

Intervención interpersonal

El Lenguaje De La Empatía

El uso del lenguaje de empatía activa e interpretativa es un componente clave del proceso terapéutico, tanto en las primeras etapas de la terapia focalizada en las emociones como a lo largo de ella. Este lenguaje se basa en un diálogo interpersonal entre terapeuta y paciente, enfatizando el reconocimiento, el apoyo y el fortalecimiento de la conciencia del paciente sobre sus emociones adaptativas y desadaptativas, sin juicio ni evaluación negativa (Agosta, 2010, 2015). El lenguaje de empatía activa implica, por un lado, una identificación profunda con los sentimientos y experiencias desafiantes del adicto, y por otro, ampliar su conciencia del trasfondo que conduce a sus emociones desadaptativas (Jacobs, 2013). La interpretación empática anima al paciente a expresar sus sentimientos dentro de la terapia, promueve insights sobre patrones emocionales inhibitorios y permite procesar y analizar el trasfondo de sentimientos ocultos que no contribuyen al progreso (Agosta, 2015).

Lenguaje De Apoyo Incondicional

El lenguaje de apoyo incondicional se enfoca en acciones activas del terapeuta, incluidas la expresión de sentimientos positivos hacia el paciente, el aliento, el cuidado y el refuerzo de los logros del paciente, tanto pequeños como grandes, así como el reconocimiento y revelación de sus fortalezas ocultas y visibles que fomentan el cambio personal. El objetivo principal del lenguaje de apoyo es hacer que el paciente se sienta importante, deseado, amado y aceptado. A través de este enfoque, el terapeuta anima al paciente a creer en su propia fortaleza, capacidad y habilidad para enfrentar sus emociones desadaptativas, dificultades funcionales y adicción, aquí y ahora (Greenman y Johnson, 2022).Estos dos últimos pasos generalmente ocurren a lo largo de dos sesiones.

Activación de la Transformación Emocional

Esta fase de la intervención terapéutica tiene como objetivo mejorar la capacidad del paciente con adicción para regular y suavizar las emociones desadaptativas. La meta principal es ayudar al paciente a experimentar plenamente las emociones, desarrollar la capacidad de observar y evaluar la adecuación de las emociones en relación con su realidad vital, ofrecer interpretaciones alternativas para las emociones, como un sentido de capacidad en lugar de inseguridad, otorgar un nuevo significado a sus emociones y fortalecer su habilidad para elegir y cambiar entre emociones intensas (Greenberg, 2017). La transformación emocional implica una exploración emocional compartida entre el terapeuta y el paciente, destinada a ayudar al paciente a mirar hacia dentro e identificar patrones emocionales inconscientes, experimentar las emociones en el presente, como la tristeza o la inseguridad, y permanecer con ellas, abordar las razones emocionales que, desde la perspectiva del paciente, conducen al uso de sustancias, como la protección frente a sentimientos de tristeza y miedo, y expresar sentimientos sobre necesidades emocionales insatisfechas en el pasado, junto con críticas hacia figuras significativas, como la "ira protectora" hacia figuras que los descuidaron.

Técnicas Terapéuticas

Técnica de las "Dos Sillas"

El paciente se sienta en una silla y expresa su "voz crítica" interna, por ejemplo: "No eres capaz de cambiar y dejar las drogas." En la segunda silla, el paciente presenta su "voz experiencial", dirigiéndose al dolor que proviene de la autocrítica. El terapeuta enfatiza sentimientos fuertes ocultos, como la "ira protectora" o un sentido de capacidad, y ayuda a presentar una nueva narrativa que fortalece el sentido de seguridad y la habilidad para afrontar.

Técnica de la "Silla Vacía"

El paciente imagina a una persona significativa y expresa sentimientos reprimidos hacia ella, como dolor, autocrítica o auto-compasión. Esta técnica incluye imágenes guiadas, donde se le pide al paciente afectado por la adicción que "se dirija directamente" a estas figuras, presente sus sentimientos y exprese críticas sobre el descuido o daño que experimentaron. Por ejemplo, podría decirle a su madre o padre: "Me ignoraste y me dejaste con inseguridad y ansiedad durante años." El proceso permite la creación de una nueva narrativa emocional, donde el paciente experimenta emociones positivas de seguridad, control y capacidad.

Cambio del Patrón Emocional

El terapeuta ayuda a revelar emociones dolorosas y vincularlas con nueva información, por ejemplo, un sentido de capacidad junto con el miedo. El enfoque está en crear un nuevo patrón emocional donde emociones dolorosas como la tristeza se conectan con un sentido de fortaleza, permitiendo la expresión de "ira protectora" o críticas.

Proceso Psicoeducativo

El terapeuta presenta al paciente un modelo psicoeducativo que incluye una evaluación de las dificultades emocionales del paciente afectado por la adicción e identifica patrones emocionales, cognitivos y conductuales que contribuyen a las dificultades en la regulación emocional. Como parte de este proceso, se asignan tareas emocionales diseñadas para profundizar la experiencia emocional y fortalecer la capacidad para enfrentar los problemas emocionales de manera que promuevan el crecimiento y desarrollo. Se le pide al paciente que registre sus sentimientos en un diario emocional, y el terapeuta enfatiza que el paciente puede experimentar malestar, pero evitar las experiencias emocionales puede conducir a un continuo falta de control en su vida. Las áreas de enfoque en las tareas emocionales son:

- Fortalecimiento de la conciencia emocional: Se pide al paciente afectado por adicción que dedique unos minutos cada día para reflexionar sobre sus experiencias emocionales y describirlas en el diario.
- Enfoque interno corporal: Se le pide al paciente que se concentre en sus sensaciones corporales, identifique las palabras emocionales que coincidan con estos sentimientos y las registre en el diario.
- Regulación emocional: El terapeuta guía al paciente a realizar acciones para la auto-calma en situaciones emocionalmente intensas, como respiración profunda, diálogo interno calmado y relajación muscular. Se le pide al paciente que registre en el diario las acciones que realizó y cómo le afectaron.
- Dar nuevo significado a las emociones: En una etapa avanzada, el paciente afectado por adicción aprende a involucrarse en un proceso cognitivo para transformar emociones desadaptativas, como tristeza o tensión, en emociones positivas de control

y confianza. En las sesiones de terapia, el terapeuta ayuda al paciente a procesar experiencias pasadas y conectarlas con emociones fuertes.

Como parte de las conversaciones, el terapeuta revisa con el paciente las entradas de su diario—si ha habido mejora en la conciencia emocional y expresión, si el paciente logró regular emociones intensas y si se ha creado un nuevo significado para sus emociones. La documentación y discusión de las tareas permiten al paciente fortalecer la conciencia emocional, procesar experiencias emocionales, crear una nueva narrativa basada en el valor, la capacidad y el autocontrol, e integrar herramientas para la regulación emocional.

Resumen: El Poder de la Transformación Emocional

Procesando Emociones No Resueltas hacia Figuras de Apego

Participar en la transformación emocional profundiza la conciencia del paciente afectado por adicción hacia experiencias "sentidas pero poco claras". El paciente aprende a identificar emociones como la tristeza y la inseguridad y vincularlas con un sentido de ira dirigida hacia figuras significativas de apego. Técnicas como la "silla vacía" permiten al paciente expresar emociones no resueltas ("asuntos pendientes") como la ira, la decepción y el dolor hacia figuras de apego, como un padre negligente. Una sesión de terapia con Paul ilustra esta técnica.

Paul, 45 años, divorciado y con hijos adolescentes, lucha contra una adicción al juego ilegal. Su esposa e hijos cortaron la relación con él hace tres años después de que él acumuló deudas y vendió propiedades familiares sin su conocimiento. Paul reportó que logró dejar el juego en dos ocasiones, cada vez por dos años, pero ahora vive en casa de su madre. El terapeuta invita a Paul a usar la técnica de la "silla vacía" e imaginar que habla con su madre. Paul expresa ira y frustración porque ella no estuvo suficientemente involucrada en su vida, diciendo: "Siempre estabas ocupada con tus propios problemas y yo tenía que enfrentar mis miedos solo." Al mismo tiempo, el terapeuta ayuda a Paul a reconocer momentos de fortaleza del pasado, como su decisión de asumir la responsabilidad de su familia durante ciertos períodos, fortaleciendo su sentido de capacidad y autoestima.

Procesar emociones no resueltas mediante la transformación emocional permite que el paciente afectado por adicción, como Paul, reconozca el vínculo entre sus emociones no resueltas y su comportamiento, eleve la conciencia de emociones ocultas de valor y capacidad, y construya una nueva narrativa emocional que integre la expresión de la "ira protectora" con un sentido de fortaleza y responsabilidad, mejorando la capacidad del paciente para afrontar desafíos personales y familiares en el camino hacia el crecimiento y desarrollo. El terapeuta y el paciente exploran eventos en los que el paciente experimentó tristeza y vergüenza debido al comportamiento desdeñoso de miembros de la familia, y el terapeuta ayuda al paciente a procesar esos recuerdos mientras identifica emociones positivas previamente ocultas, como un sentido de valor o capacidad, que emergieron cuando el paciente dejó su hogar y emprendió un nuevo camino.

La Voz Crítica y la Voz Experiencial

La activación de la transformación emocional permite al paciente afectado por adicción procesar recuerdos relacionados con dolores centrales, como sentimientos de vergüenza y soledad derivados de experiencias traumáticas como el abandono o abuso. Estas emociones a menudo se manifiestan como emociones secundarias como la ira y el resentimiento. El terapeuta guía al paciente para que "permanezca con el dolor" y supere la tendencia natural a evitarlo, y el paciente identifica y trae a la superficie sentimientos fuertes y reprimidos de valor y capacidad, integrándolos en la memoria emocional.

La técnica de las "dos sillas" permite al paciente expresar emociones mediante la "voz crítica" y la "voz experiencial". La voz crítica se expresa con afirmaciones como: "Te estás avergonzando porque no puedes dejar de beber" o "Tienes demasiado miedo de enfrentarte a tu padre." Luego, el terapeuta le pide al paciente que se dirija a la autocrítica y también exprese sus fortalezas y habilidades: "Definitivamente soy capaz de cambiar. Logré dejar de beber tres veces por períodos largos" o "Tengo la capacidad de afrontarlo y estoy aprendiendo a controlarme." Esta fase se centra en incrustar emociones fuertes de valor, confianza en uno mismo y capacidad de afrontamiento en la memoria emocional del paciente. Una sesión de terapia con Anthony demuestra el uso de esta técnica.

Anthony, un hombre soltero de 28 años, luchó contra el abuso de éxtasis durante seis años. Actualmente asiste a reuniones de N.A. y ha dejado de usar éxtasis. Informa dificultades significativas en su relación con sus padres, especialmente con su padre, lo que le dificulta mantener una conversación sin estallar en ira, y describe sentimientos de soledad y pérdida de conexiones sociales.

"Escucho la tristeza que te abruma por tus intentos fallidos de conectar con miembros de la familia y con otros," dice el terapeuta. "Estos sentimientos te recuerdan cómo te trató tu familia en el pasado, especialmente durante tu tiempo en el internado y después del ejército, y despiertan mucha ira y soledad. Quiero darte la oportunidad de expresar tus emociones. Háblate a ti mismo con los mismos pensamientos críticos que escuchas dentro de ti."

Anthony, algo avergonzado, accede y colabora. Dice: "Realmente te estás avergonzando a ti mismo. ¿Cómo no pudiste mantener las conexiones con los demás? Eres tan inseguro que simplemente renunciaste a tus vínculos familiares. Eres un cobarde. No tuviste el coraje de enfrentar a tu padre, así que simplemente te distanciaste y fallaste."

"Ahora, quiero que respondas a la crítica que acabas de expresar," sugiere el terapeuta, "intenta también expresar tus fortalezas."

"Sí," dice Anthony, "estoy enojado y triste por lo que pasó, pero sé que también hice muchas cosas para cambiar. Logré dejar de usar éxtasis. Ahora vivo en mi propio apartamento y estoy empezando a hacer nuevas conexiones en el grupo de N.A. Me doy cuenta ahora de que tengo fortalezas. Sí, mi padre no estuvo para mí, pero estoy aprendiendo a creer en

mí mismo. Tengo valor y soy capaz de construir una vida mejor para mí."
El terapeuta resume, "Quiero reforzar lo que expresaste. Entiendes el dolor que has atravesado, pero también reconoces tus habilidades y fortalezas. Has logrado manejar situaciones difíciles, tomar control de tu vida y comenzar un viaje significativo de cambio. No es fácil, pero las fortalezas que has demostrado seguirán guiándote."

El uso de la técnica de las "dos sillas" permitió a Anthony procesar sus complejas emociones, identificar su autocrítica y transformarla en una experiencia empoderadora que reforzó su sentido de capacidad y autoestima. Este proceso enfatiza la importancia de anclar emociones fuertes en la memoria emocional como parte de la creación de un cambio a largo plazo.

Aceptación, Compasión, Autoconsuelo y Expresión de Necesidades Insatisfechas

La intervención clínica en esta etapa está diseñada para ayudar al paciente a aceptarse a sí mismo mientras reconoce sus habilidades y fortalezas. El paciente afectado por la adicción aprende a usar actividades meditativas para el autoconsuelo, lo que le ayuda a manejar emociones desadaptativas y a crear una experiencia emocional más equilibrada, caracterizada por compasión hacia sí mismo por las experiencias que perdió durante los años de consumo de sustancias. El terapeuta ayuda al paciente a articular necesidades emocionales insatisfechas, tales como la necesidad de seguridad y protección, e identificar cómo estas experiencias continúan influyendo en sus emociones hoy. Al mismo tiempo, el terapeuta destaca emociones fuertes y adaptativas, como el orgullo por la capacidad del paciente para reducir el consumo de sustancias y formar nuevas conexiones sociales. Una sesión terapéutica con Thomas ilustra esto.

Thomas, un hombre de 32 años, ha usado éxtasis de forma intermitente desde los 18 años. Describe sentimientos de ansiedad y tristeza, dificultades para crear relaciones interpersonales y románticas, y se siente solo. Thomas vive en el apartamento de su hermano y tiene contacto mínimo con su familia. Afirma que el uso de éxtasis le ayudaba a olvidar su dolor en el pasado, pero ya no le proporciona alivio. "Thomas," dice el terapeuta, "a lo largo de nuestras sesiones parece haber una conexión entre lo que sientes y cómo te trató tu familia. Has descrito momentos en los que te sentiste humillado, y eso contribuyó a tu sentimiento de inutilidad. Escucho tu dolor y entiendo cómo estos sentimientos todavía te afectan hoy."

"Es cierto," suspira Thomas, "siento que el desprecio de mi familia me persigue a donde vaya. Estoy enojado con ellos porque no me dan oportunidad de cambiar. No creo en mí mismo, me siento avergonzado y siento que no tengo capacidad para hacer nada con mi vida. Ni siquiera el éxtasis me ayuda como antes."

"Escucho tu autodesprecio y tu dolor. Pero quiero recordarte algo importante: hemos visto aquí en nuestras sesiones que has tenido momentos en los que demostraste fortalezas sorprendentes. Por ejemplo, tu persistencia en los estudios durante el período de distanciamiento con tu madre o tu decisión de cortar lazos con amigos que te llevaron al consumo de sustancias. Creo que esas fortalezas todavía están dentro de ti, y podemos usarlas para el cambio. ¿Qué piensas?"

"Entiendo lo que quieres decir. Sí, logré persistir en mis estudios a pesar de todo, y eso es algo de lo que estoy orgulloso. Pero no siempre siento que sea suficiente."

"Definitivamente eso es algo de lo que puedes estar orgulloso. Intentemos enfocarnos más en eso. Quiero que pongamos énfasis en las fortalezas y la responsabilidad que estás demostrando ahora. Creo que eres capaz de lograr el cambio que deseas. Lo haremos juntos."

Como se ve en la historia de Thomas, el terapeuta lo ayudó a enfrentar sentimientos de autodesprecio e identificar necesidades emocionales insatisfechas, al tiempo que reconoció y activó fortalezas ocultas del pasado. Este proceso le ayudó a transformar emociones desadaptativas en sentimientos poderosos de valor y capacidad (Timulak et al., 2017).

Se recomienda realizar seis sesiones terapéuticas dentro de esta etapa de transformación emocional.

Terapia Breve Focalizada en las Emociones: Resumen y Evaluación

En la fase de resumen, el terapeuta y el paciente realizan una revisión exhaustiva del recorrido del paciente dentro del marco de la terapia focalizada en las emociones, incluyendo un análisis de los cambios emocionales y funcionales que el paciente ha experimentado y cómo estos cambios se han manifestado en su funcionamiento general, dinámica familiar, empleo y reducción del consumo de sustancias y comportamientos adictivos. El terapeuta y el paciente revisan el progreso, las fluctuaciones, los retrocesos y los cambios que el paciente ha encontrado a lo largo de las etapas del tratamiento. Es fundamental proporcionar refuerzo y evaluación por los logros y objetivos alcanzados. Durante el resumen, el terapeuta enfatiza que el paciente es quien ha generado los cambios emocionales y conductuales, reforzando sentimientos de confianza, orgullo, valor y control, y expresando confianza en su capacidad para mantener estos cambios en el futuro. Luego, el terapeuta y el paciente examinan situaciones que puedan desencadenar retrocesos emocionales o funcionales en el futuro, discutiendo las herramientas terapéuticas emocionales adquiridas y cómo pueden usarlas de manera independiente. Finalmente, el terapeuta y el paciente procesan sentimientos como la decepción, la ira y el miedo hacia la conclusión de la terapia, enfatizando el uso del lenguaje del cambio emocional como herramienta para manejar estos sentimientos. El terapeuta tranquiliza al paciente confirmando que la "puerta terapéutica" permanece abierta para él y que puede comunicarse para solicitar consejo o apoyo en el futuro, en momentos de crisis, dificultad o malestar.

Se recomienda realizar dos sesiones terapéuticas dedicadas para esta etapa de resumen y evaluación.

7

INCORPORACIÓN DE LA EMOCIÓN ADAPTATIVA: . AUTOEFICACIA

"No podemos experimentar cambios, ni progresar, hasta que aceptemos quiénes somos. Solo entonces podemos experimentar cambios, casi sin darnos cuenta." (Carl Rogers).

La autoeficacia es uno de los objetivos centrales de la terapia focalizada en las emociones, especialmente en individuos que enfrentan adicciones. Este sentido de eficacia permite a los pacientes, que a menudo experimentan sentimientos de dificultad, impotencia y desesperanza, creer en su capacidad para cambiar patrones desadaptativos, como el consumo excesivo de sustancias, conductas adictivas e inactividad. Anclar la autoeficacia se centra en aprovechar las fuerzas necesarias para un cambio significativo en la vida del paciente, como se demuestra en la sesión con Mark.

Mark, de 35 años, ha estado usando drogas ilícitas y marihuana durante una década. A lo largo de los años, ha intentado dejarlo a través de muchos marcos terapéuticos, pero sin éxito, lo que ha contribuido a su percepción negativa sobre su capacidad para cambiar su vida.

"No veo ninguna oportunidad," le dice al terapeuta con desesperación.

"En realidad veo algo diferente," sonríe el terapeuta, "veo una alta motivación para el cambio: asistes regularmente a todas las sesiones, participas activamente en el grupo terapéutico, eres sincero sobre tus luchas, asumes la responsabilidad por tus fracasos pasados en la terapia y eres consciente de la ansiedad que te acompaña día a día y que te dificulta mucho."

Está claro que estas palabras penetran el corazón de Mark. Él mira al terapeuta con esperanza.

El terapeuta resume, "Soy muy optimista respecto a tu capacidad para desarrollar perspectivas, cambiar emociones difíciles y adquirir el lenguaje del cambio. Realmente creo que eres capaz."

Según Bandura, la autoeficacia es la creencia de una persona en su capacidad para realizar con éxito un comportamiento específico, movilizando recursos emocionales y cognitivos para crear automotivación para la acción (Bandura et al., 1999). La autoeficacia se desarrolla gradualmente a través de encuentros cognitivos, fisiológicos, sociales, verbales y experienciales. En el caso de alguien que enfrenta una adicción, fortalecer la autoeficacia es el camino para robustecer su capacidad de lograr un cambio conductual y la recuperación (Shabi, 2024). La participación del paciente en el establecimiento de objetivos terapéuticos y en la creación de una estrategia de tratamiento fortalece su sentido de responsabilidad y capacidad de toma de decisiones (Rathgeber et al., 2019). Además, la relación entre el terapeuta y el paciente es una fuerza impulsora para fortalecer la autoeficacia (Yalom & Leszcz, 2019). El terapeuta evalúa constantemente la adecuación del tratamiento a las necesidades del paciente, identificando percepciones pesimistas explícitas o implícitas que podrían obstaculizar las fuerzas movilizadoras para el cambio. Según Miller y Rollnick, la autoeficacia se incrementa cuando los pacientes encuentran un camino para el cambio que se adapta a sus necesidades. Este sentido de autoeficacia permite a las personas comenzar un recorrido hacia un cambio significativo (Miller & Rollnick, 2002). El encuentro terapéutico con Miriam ilustra esto.

Miriam, de 29 años, acudió a terapia tras una derivación de su médico de familia, quien estaba preocupado por los efectos de su consumo incontrolado de alcohol. Para Miriam, el alcohol es más que una bebida: es lo que ella llama "el motor que me mantiene en pie". Ella comparte que a lo largo de los años ha intentado dejar de beber, pero cada intento la dejaba sintiéndose deprimida y triste, regresándola finalmente al mismo punto: la botella.

Miriam no está completamente comprometida con la necesidad del tratamiento. "Creo que puedo manejarlo sola," le dice a su terapeuta, "no estoy segura que este tratamiento sea lo que necesito ahora mismo."

La terapeuta refleja la realidad. "Miriam, quiero compartir mis sentimientos contigo," dice con sensibilidad. "Me has dicho que dejaste de beber y que lograste sobrellevar las ganas de hacerlo, pero según el informe del médico y las pruebas de alcohol que has realizado, sigues bebiendo a un nivel que te pone en riesgo."

Miriam suspira. "Quizás simplemente no es el momento adecuado para que haga un cambio. Tengo muchas cosas en la cabeza. Sí, me fijé la meta de dejar de beber al menos tres semanas, pero la verdad es que no puedo mantenerla. Sé que me está costando mucho—especialmente con mi familia—pero así soy yo. ¿Qué puedo realmente hacer?"

La terapeuta la escucha con genuino interés y dice: "Te escucho, Miriam, y veo que tú ves las cosas de forma diferente. Sientes que no puedes manejarlo, y puedo sentir tu miedo al cambio—quizás el miedo a que si no logras dejarlo, experimentarás decepción personal. Pero también veo otra cosa—veo que te importa profundamente tu persona, aunque te sientas atrapada. También veo que eres capaz de más de lo que crees ahora mismo."

La terapeuta hace una pausa unos instantes para dejar que el mensaje cale y añade: "Quiero recordarte algunas cosas importantes. Tu madre dijo, y tú has compartido, que dejaste de beber por tu cuenta en el pasado, y durante un período significativo. Durante ese tiempo, lograste integrarte en tu trabajo, mejorar tus relaciones familiares y alcanzar metas que te importan. Esto demuestra que tienes fuerza. Estoy aquí para ayudarte a encontrar otras maneras que te ayuden a sobrellevar esto. Creo en ti, Miriam."

La conversación entre la terapeuta y Miriam ilustra las diferencias significativas entre pacientes en términos de motivación para el cambio y la capacidad para movilizar recursos emocionales y cognitivos para enfrentar desafíos personales. Este factor depende de las características de la dificultad emocional y conductual, así como de las experiencias positivas o negativas que la persona con adicción haya tenido en el pasado, y de si cuenta o no con el apoyo familiar. Fortalecer la autoeficacia en una población marginada, como aquellos afectados por la adicción, requiere ofrecer un apoyo inquebrantable al paciente. El terapeuta debe ayudar al paciente a identificar fortalezas ocultas y visibles que le han permitido experimentar éxitos en el pasado, así como recursos de apoyo, como la familia y las conexiones sociales, que pueden servir como fuentes de ayuda en el proceso terapéutico (Wiebe & Johnson, 2016). Además, fortalecer la capacidad del paciente para tomar decisiones sobre su vida de manera independiente es un proceso central en la terapia focalizada en las emociones. El terapeuta puede aconsejar al paciente sobre diversas cuestiones con las que lidia y presentar soluciones alternativas para problemas en el área de la adicción, siempre y cuando el consejo se base en la exploración mutua y la indagación, dejando finalmente que el paciente elija la solución que mejor se adapte a sus necesidades.

Un proceso en el que el terapeuta toma decisiones por el paciente, sin diálogo ni consideración de alternativas, puede dañar el sentido de autoeficacia del paciente, dejarlo pasivo e impedir que experimente un sentido de autorrealización e independencia (Goldman & Rousmaniere, 2021). El terapeuta debe recordar que el conocimiento que posee es parcial y subjetivo en relación con los dilemas que enfrenta el paciente. En otras palabras, el consejo no daña la autoeficacia del paciente; por el contrario, sirve como modelo de cómo se pueden tomar decisiones informadas, con cuidado, atención y preocupación por parte del terapeuta. El consejo puede reducir el aislamiento emocional que los pacientes a menudo sienten en su vida diaria (Hohman, 2012). La conversación con Jason en la sesión terapéutica ilustra esto.

Jason, un joven de 22 años, ha estado usando cannabis de manera problemática durante seis años. A pesar de que el centro de tratamiento está cerca de su casa, rara vez asiste a las reuniones. Fue derivado a terapia por su médico de familia, quien expresó gran preocupación por su salud y estado mental.

En las primeras reuniones, Jason se mostró retraído y apenas hablaba. Parecía que la presión que su familia ejercía sobre él respecto al consumo de cannabis le afectaba mucho, pero él no sabía cómo afrontarla.

Jason llega a la sesión actual con una petición. "Espero que aquí puedan darme consejos y una explicación clara de cómo dejar de usar cannabis," dice honestamente. "Toda mi familia está estresada porque sigo usándolo. Haré lo que me digan."

La terapeuta sigue sus palabras y comparte sus pensamientos con él. "En la última sesión, planteaste la petición de que te guíe y te diga qué hacer. Siento que será difícil lograr un cambio real si la acción de dejar de usar cannabis no viene de ti. También veo que estás bajo mucha presión por la idea de vivir sin cannabis. Mencionaste que la última vez que intentaste dejarlo sentiste ansiedad y depresión. Siento tu lucha y la falta de confianza que describes—esto es muy natural en esta situación."

Jason se encoge de hombros. "Lo que dices es muy cierto," admite, "pero entendí por amigos que estuvieron aquí en el centro que la idea entera de la terapia es que me guíen, que me digan qué hacer. Simplemente no puedo manejarlo solo."

"La idea de la terapia es en efecto ayudarte," explica la terapeuta. "Entre otras cosas, abordando emociones como la inseguridad de la que comenzaste a hablar y la vergüenza que sientes hacia tu familia por tu consumo. Trataremos de entender juntos por qué has sentido falta de control sobre tu vida en los últimos años. Estoy aquí para asistirte. Te ayudaré con información y considerando varias opciones para el cambio, pero en última instancia, eres tú quien tiene que decidir cuál es el camino correcto para ti. Veo que tienes las fortalezas y habilidades para enfrentar esto. Cree en ti."

El enfoque de la psicología positiva es otro marco efectivo para promover la autoeficacia entre quienes padecen adicciones. Este enfoque se centra en integrar refuerzos positivos y estrategias destinadas a evocar emociones positivas, optimismo y felicidad, junto con el aprendizaje de estrategias interpersonales adaptativas (Bolier et al., 2013; Sheldon & Lyubomirsky, 2006). Existen varias maneras de promover la autoeficacia en el espíritu de la psicología positiva:

- Se invita al paciente a enviar retroalimentación o un mensaje escrito a personas cercanas, expresando gratitud por experiencias positivas que ha tenido en su relación con ellas (Sheldon & Lyubomirsky, 2006).
- La terapeuta ayuda al paciente con adicción a ampliar su conciencia sobre los rasgos positivos que posee, como la humanidad, la creatividad y la amabilidad (Peterson & Seligman, 2004).
- La terapeuta se enfoca en los aspectos positivos de la vida del paciente y destaca sus fortalezas ocultas y visibles, que pueden contribuir a una adaptación

positiva y una visión optimista del futuro (Peterson et al., 2012).

- La terapeuta orienta al paciente afectado por la adicción a participar en trabajo voluntario, con el objetivo de experimentar emociones positivas, un sentido de orgullo y una autoimagen positiva basada en contribuir a los demás (Pressman et al., 2015).

Los procesos para promover la autoeficacia y el refuerzo personal positivo dentro del marco de la terapia interpersonal focalizada en las emociones se demuestran en la conversación terapéutica con Mori.

Mori, un hombre soltero de 33 años, volvió a consumir heroína después de un período de cuatro años en el que fue tratado con terapia de sustitución con metadona. El primer encuentro con el terapeuta en el centro psicosocial, al que Mori asiste de forma independiente, revela a una persona frustrada, cansada y profundamente afligida. Habla abiertamente sobre el sentimiento de fracaso que acompaña a su regreso al consumo de sustancias y describe una infancia difícil marcada por la violencia de su padre y la falta de atención a sus necesidades por parte de otros miembros de la familia. "La mayor parte del tiempo estoy en casa, en un apartamento compartido, pero casi no hablo con ellos", dice. "Trabajé de manera intermitente en mudanzas, pero no me daba ningún sentido." La terapeuta observa que su sentido de autoeficacia es muy bajo y que tiene casi ninguna expectativa para el futuro.

"Escucho el malestar que describes", dice con suavidad. "Tu historia, la violencia que experimentaste y la falta de atención a tus necesidades: todas estas son cargas pesadas que te siguen a todas partes. Percibo que el trauma que has soportado te ha dejado sintiéndote desesperanzado, con falta de confianza en ti mismo y en los demás. Quizás volver al consumo de heroína es una forma de evitar enfrentarte al dolor profundo que te rodea. ¿Estoy en lo cierto?"

"Quizás te sorprenda," dice Mori en voz baja, "pero para ser honesto, estoy bastante de acuerdo con lo que mi familia piensa de mí. He intentado cambiar varias veces, pero tal vez simplemente no soy lo suficientemente bueno. No puedo alcanzar las metas que me pongo. Quizás esta sea simplemente mi situación."

La terapeuta asiente empáticamente y dice: "Tengo que decir que veo las cosas de manera diferente, Mori. Vienes aquí de manera constante, haces esfuerzos por ser honesto sobre lo que estás atravesando ahora y lo que pasó en el pasado. Hablas sobre tus dolores y sobre la sensación de rechazo que te acompaña. Definiste las drogas como algo que alivia tu ansiedad, pero también viste que te causaron muchas complicaciones —con la ley y con tu salud. En realidad, veo una disposición inicial al cambio. Tomaste la decisión independiente en el pasado de unirte a un programa de sustitución, impediste que tus amigos lo abandonaran y estás colaborando aquí en el centro con diversas tareas. Todo esto muestra que tienes fortalezas y que puedes lograr el éxito."

En conclusión, fortalecer la autoeficacia entre los pacientes que enfrentan la adicción dentro del marco de la terapia focalizada en las emociones se basa en proporcionar herramientas y habilidades de afrontamiento para problemas complejos, mientras se refuerza la confianza del individuo en su capacidad para afrontar desafíos. La terapeuta fortalece la implicación del paciente en el proceso terapéutico, incluyendo la definición de la estrategia, los objetivos y el plan de tratamiento, con el fin de fomentar un sentido de responsabilidad personal y colaboración activa. La terapeuta anima al paciente afectado por la adicción a tomar la iniciativa y experimentar con nuevas formas de enfrentar sus dificultades, con el objetivo de aumentar su sentido de autoeficacia. Proporciona un apoyo emocional constante e incondicional mientras identifica y refuerza los recursos internos del paciente, de los cuales puede no ser consciente. Además, la terapeuta fomenta la independencia del paciente en áreas como la planificación, la toma de decisiones y la resolución de problemas, con una guía personalizada (Hohman, 2012). El sentido de autoeficacia es un ancla esencial en el proceso de recuperación, que permite al paciente afectado por la adicción lograr progresos significativos, adaptarse a los cambios y sentirse confiado en su capacidad para controlar su vida.

8

TERAPIA FOCALIZADA EN LAS EMOCIONES Y REDUCCIÓN DE DAÑOS

"Descartar las adicciones como malos hábitos o conductas autodestructivas es una manera fácil de ignorar su funcionalidad en la vida de los adictos." (Vincent Felitti)

El enfoque de reducción de daños tiene como objetivo reducir los impactos negativos asociados con la conducta adictiva, incluyendo el mal uso de drogas y alcohol. El enfoque se centra en proporcionar diversas intervenciones terapéuticas, que incluyen:

- Tratamiento farmacológico: administración de medicamentos para aliviar los síntomas de la adicción y reducir el daño corporal causado por el consumo de sustancias.
- Intervenciones médicas: tratamiento de condiciones médicas derivadas del uso de sustancias psicoactivas.
- Apoyo psicosocial: respaldo emocional y social orientado a ayudar tanto en aspectos personales como comunitarios.

El objetivo principal de la reducción de daños es aliviar los síntomas mentales, emocionales y físicos en pacientes que continúan usando sustancias psicoactivas, mientras se mejora su calidad de vida y se reducen los daños asociados con la adicción (Fox et al., 2013; Lev-Ran et al., 2014; Johnson, 2020).

Ronald, de 38 años, ha estado luchando contra el consumo de heroína durante quince años. Hace aproximadamente tres años, fue diagnosticado con trastorno de personalidad antisocial en el sistema de salud mental. Ronald cumplió una condena de dos años de prisión por agresión y, según él, su tiempo en prisión lo dejó sintiéndose alienado y frustrado con el mundo.

Los médicos que lo trataron recomendaron un tratamiento farmacológico a largo plazo que pudiera aliviar su lucha contra la adicción crónica. Sin embargo, Ronald rechazó esta opción de plano. "O logro mantenerme completamente limpio de drogas, o sigo consumiendo," dijo con firmeza. Ronald expresó una postura negativa hacia todo el sistema de tratamiento. Le costaba creer que el tratamiento pudiera ofrecerle una solución real a sus necesidades o cambiar su situación. En las sesiones psicosociales de adicciones a las que asistía, Ronald rara vez hablaba de sí mismo.

La terapeuta notó sus dudas sobre sí mismo y la desesperación que lo acompañaba, y ahora intenta acercarse a él con un enfoque aceptante y personalizado, ofreciéndole explorar juntos distintas vías que podrían ayudarle a superar su desconfianza, tanto en sí mismo como en el proceso de cambio personal. "Estoy aquí para ti," dice con

suavidad, "creo que puedes encontrar otra forma de enfrentar las dificultades que estás describiendo."
Sin embargo, Ronald encuentra difícil cooperar. Mantiene distancia emocional y evita comprometerse con el proceso. Tras un breve período, decide abandonar el marco de tratamiento.

A la luz de la historia de Ronald, se podría evaluar que presentar una opción de tratamiento alternativa, como una intervención combinada del enfoque de reducción de daños (Johnson, 2020) y la terapia focalizada en las emociones (Greenberg, 2017), podría haber dado respuesta a sus dilemas y aumentado su disposición a dar una oportunidad al tratamiento. Las poblaciones en el espectro de la adicción, particularmente aquellas que lidian con comorbilidades, suelen caracterizarse por evitar escuchar las emociones, por emociones abrumadoras que no pueden controlar, trauma, dificultades mentales y condiciones de salud. El uso intensivo de sustancias psicoactivas funciona para muchos como una "medicina" para adormecer el dolor emocional y físico. Sin embargo, no logra romper el ciclo de angustia y desesperación (Shabi, 2024).

Las Necesidades Humanas En El Centro

Al igual que la terapia focalizada en las emociones, el enfoque de reducción de daños se inspira en la psicología humanista (Rogers, 1957), que sitúa las necesidades humanas en el centro y considera las relaciones terapéuticas interpersonales, así como la asistencia médica, psicológica y social, como el modo de promover la salud mental del paciente. El enfoque acepta la suposición de que algunas personas en la población tendrán dificultades para aceptar la ayuda dentro de un marco que apunta a la abstinencia completa de sustancias (Mata, 2021). Ofrece vías médicas y psicosociales orientadas a reducir daños, mejorar la salud de los afectados por la adicción, fortalecer su proactividad y promover una mejor adaptación a la realidad (Wamel et al., 2021), como se ve en la historia de Kenneth.

Kenneth, de 48 años, ha estado luchando contra la adicción al alcohol durante quince años. A lo largo de los años, ha probado diversos tratamientos pero se ha visto repetidamente atraído de nuevo hacia sus viejos hábitos. En los últimos dos años, además de su adicción, ha estado sufriendo depresión no tratada que lo sobrecarga aún más. A menudo se ha prometido a sí mismo y a su familia que dejaría su consumo incontrolable, pero aparte de breves períodos de éxito, le costó cumplir sus promesas. Ahora, tras llevar un año y medio desempleado, Kenneth se siente perdido, desconectado y lleno de vergüenza.

La terapeuta se acerca a él con delicadeza pero con determinación: "Dada la situación actual, después de todos los intentos que has hecho para dejarlo, quizás sea momento de considerar un enfoque diferente. ¿Qué te parece fijar una nueva meta — reducir gradualmente la cantidad de alcohol que consumes, en lugar de una cesación completa? Esto podría ser un paso más eficaz y adecuado para ti. ¿Te parece posible esta opción?"

Kenneth suspira. "Este pensamiento me ha cruzado la mente de vez en cuando," dice en voz baja, "pero no tengo confianza en mi capacidad para lograr algo relacionado con el alcohol. Después de tantos años y tantos fracasos — he perdido la cuenta de las veces que intenté dejarlo. Hay cosas en mí que simplemente no cambian. Y ahora, una vez más, le prometí a mi familia que eso es todo, que dejo esto. Me da vergüenza de mí mismo."

La terapeuta ofrece otra perspectiva: "Escucho el sufrimiento que estás atravesando y la dificultad que vienen de los fracasos que has experimentado hasta ahora. Pero es importante recordar que has hecho esfuerzos — y en algunos casos, tuviste éxito, aunque fuera por ciertos períodos. Hoy en día, participas de forma constante en la terapia individual y grupal, estás involucrado y compartes lo que estás atravesando. Eso no es insignificante. Percibo tu deseo de cambio, pero también el miedo a que este intento actual no tenga éxito. Le estás dando mucho espacio a la parte de ti que tiene miedo y que está fallando, y silenciando la parte de ti que tiene fortalezas y capacidades.

¿Qué te parece probar la terapia focalizada en las emociones? Es un tratamiento que puede ayudarte a lidiar con la depresión que has estado sintiendo tan intensamente durante el último año, procesar esas emociones y recibir un apoyo mental personalizado. Al mismo tiempo, podemos trabajar en un plan para reducir el consumo de alcohol—no para dejarlo por completo, sino pasos pequeños y adaptados que te resulten más fáciles. Creo que puedes hacer un cambio en tu vida."

El plan de intervención propuesto para Kenneth se basa en la suposición de que, en este momento, Kenneth no es capaz de detener completamente su comportamiento adictivo. Por ello, el enfoque terapéutico que combina la reducción de daños se centra en construir un marco terapéutico personal y de apoyo, que pone énfasis en procesos emocionales como la conciencia de las emociones no adaptativas, la regulación emocional y la transformación en sentimientos de control y capacidad, la reducción controlada del consumo de sustancias y la consulta médica. En el caso de los adictos a opioides, se ofrece tratamiento farmacológico a largo plazo con metadona o buprenorfina, que puede contribuir a la recuperación funcional (Fox et al., 2013). El enfoque de reducción de daños incluye una amplia gama de respuestas médicas y psicosociales, como la participación en un programa de intercambio de agujas dirigido a reducir la transmisión de enfermedades como la Hepatitis C y el VIH; la provisión de naloxona, que previene muertes por sobredosis de opioides; y el tratamiento farmacológico a largo plazo, como metadona o buprenorfina, para reducir los deseos de consumo de heroína. En algunos países, los programas de reducción de daños también incluyen la inyección de heroína que el paciente lleva a la clínica o incluso la provisión de heroína limpia suministrada por el Estado (Najavits et al., 2005).

El enfoque de reducción de daños presenta muchos retos para los pacientes que sufren adicción, como se puede ver en un fragmento de una conversación terapéutica con John:

John, de 42 años, casado y con dos hijos, ha estado luchando contra la adicción a la heroína durante trece años. En los últimos tres años, participó en un programa de tratamiento farmacológico a largo plazo usando Suboxone, que fue un punto brillante en su largo y difícil camino. Sin embargo, después de descubrirse que había retomado el consumo de drogas callejeras, se decidió finalizar su participación en el programa.

En una conversación con el terapeuta en el centro psicosocial, John se muestra agitado y retraído, enfrentando sentimientos de vergüenza, decepción e ira.

El terapeuta abre la conversación con cuidado: "Escucho tu frustración y decepción por la decisión de detener tu participación en el programa. Parece que sientes que el personal del centro de tratamiento de drogas te abandonó, como si no les importaras. Esto me recuerda lo que compartiste en el pasado sobre el comportamiento de tu padre, cuando dijo que no confiaba en ti y que no creía que pudieras cumplir tus metas. Supongo que esto es parte de lo que alimenta tu enojo ahora. ¿Voy por buen camino?"

John asiente tristemente. "Sí, tienes toda la razón," dice con voz entrecortada. "Pero debo admitir que no es solo culpa de ellos, yo también tengo responsabilidad por lo que pasó. Al final, rompí las reglas. Tuve otra crisis con mi esposa, y estaba frustrado. Sentí que no tenía forma de sobrellevarlo, así que recurrí a lo que conocía—consumí. Pensé que me calmaría, pero solo empeoró la situación."

Hace una pausa por un momento, con los ojos llorosos. "Aun así, el personal podría haber llegado a un término medio, haber tratado de entenderme," dice. "Esto realmente me recuerda a mis padres. Yo era un niño que solo quería que alguien creyera en mí, y nunca lo conseguí. Ahora siento lo mismo otra vez."

Durante varios momentos, un silencio pesado llena la sala. El terapeuta mira a John y dice: "Escucho la vergüenza que llevas contigo, tal como describiste los sentimientos que tenías en casa con tus padres. Está claro que la crisis reciente con tu esposa y la respuesta del personal profundizaron la herida. Pero John, también veo el progreso que has hecho. En los últimos tres años, te has demostrado a ti mismo y a los demás que eres capaz de cambiar. Te uniste a un programa de tratamiento farmacológico a largo plazo, dejaste de usar heroína por un período prolongado y lograste mantener un trabajo en una tienda de alimentos. Has recorrido un largo camino."

"La elección ahora está en tus manos. Tienes la oportunidad de arreglar las cosas. Creo en ti y en tu capacidad para enfrentar esta crisis. Quizás podamos pensar juntos en volver al programa de tratamiento, esta vez con un objetivo claro de procesar la crisis reciente con tu esposa y trabajar los sentimientos de dolor e ira relacionados con tus recuerdos de casa. ¿Qué te parece? ¿Te gustaría intentarlo de nuevo? Yo estaré aquí contigo en todo el camino."

La terapia interpersonal integrada en un programa de reducción de daños no requiere que el paciente detenga por completo el consumo de sustancias para recibir tratamiento. Su principal objetivo es mejorar la calidad de vida de las personas afectadas por la adicción (Najavits, 2002). Este enfoque promueve reforzar los esfuerzos para el cambio, incluso si se trata de pasos pequeños e iniciales. Establecer metas medibles para adquirir un lenguaje de cambio en el contexto de la adicción puede reducir el miedo al fracaso y la sensación de estancamiento en los pacientes

(Miller y Rollnick, 2013). Numerosos estudios muestran que el tratamiento focalizado para quienes están afectados por la adicción, que incluye respuestas emocionales, conductuales, médicas y de resolución de problemas, es una acción efectiva que conduce a un cambio positivo gradual (Najavits et al., 2005). Mata (2021) encontró que combinar tratamiento psicosocial y médico reduce significativamente el consumo de drogas callejeras, disminuye las tasas de muerte por sobredosis, mejora el funcionamiento social y familiar e incluso reduce la implicación en actividades delictivas. El impacto positivo de un programa de reducción de daños aumenta cuando, además del tratamiento psicosocial y médico, se proporcionan soluciones en las áreas de vivienda y empleo. Sin embargo, antes de decidir la integración del paciente al programa, se deben evaluar los intereses mutuos del paciente y el terapeuta, identificar los posibles riesgos para el paciente y su entorno y definir estándares claros y planes de acción para la implementación del programa (White y Popovits, 2001).

Reducción de daños: dilemas y desafíos

Sin embargo, la implementación del enfoque de reducción de daños plantea importantes cuestiones éticas:

- ¿Realmente el tratamiento farmacológico a largo plazo o la provisión de drogas bajo condiciones controladas reducen el consumo de drogas callejeras y los riesgos asociados?
- ¿Cuál es la responsabilidad del Estado frente a los pacientes que participan en programas que proveen drogas?

- ¿Cuál es el grado de responsabilidad de los médicos al proporcionar drogas a través del Estado a pacientes que se las inyectan ellos mismos?

Las respuestas a estas preguntas sugieren que los programas de reducción de daños, además de reducir el riesgo del consumo de drogas callejeras y la tasa de mortalidad (Mata, 2021), colocan una responsabilidad importante en el Estado para brindar apoyo y orientación continuos a los participantes. Esto representa un desafío para los responsables de políticas y los terapeutas, quienes deben encontrar un equilibrio entre implementar el programa y reducir el riesgo entre sus participantes, a la vez que brindan una respuesta integral e inclusiva a sus necesidades.

En conclusión, el enfoque focalizado en las emociones y el enfoque de reducción de daños, inspirados en la psicología humanista, colocan las necesidades del individuo en el centro. Su objetivo es reducir riesgos, disminuir la mortalidad y mejorar la calidad de vida de las personas afectadas por la adicción. La integración de estos enfoques en el tratamiento de poblaciones que luchan por dejar el consumo de sustancias incluye brindar respuestas farmacológicas, médicas y de apoyo, junto con fomentar la expresión emocional, la regulación emocional, la reflexión y la transformación emocional (Greenberg, 2017). La implementación de este enfoque integrado enfatiza la libertad de elección del paciente, sin imponer condiciones rígidas respecto al consumo de sustancias. El paciente puede elegir entre reducción del consumo, continuar el consumo bajo supervisión o abstinencia total (Mata, 2021). Se cree que este programa, que combina el cambio emocional y la reducción de daños, permitirá al paciente reducir riesgos, fortalecer su autoeficacia y cumplir su potencial personal.

> "Encontrar tu propio camino montaña arriba da una sensación de fuerza mucho mayor y más significativa que caminar por el sendero conocido." (Karen Horney)

9

ENFRENTANDO EL FUTURO

TERAPIA FOCALIZADA EN LAS EMOCIONES PARA LA ADICCIÓN EN EL ESPACIO DIGITAL

Edward, un hombre de 27 años que trabaja en el área de tecnología de la información, ha estado usando estimulantes desde que salió del ejército. En una conversación con su terapeuta en un centro de tratamiento de adicciones, expresa sentimientos de vergüenza y auto-ira por no poder dejar el consumo de sustancias. "Siento que solo empeora mi ansiedad y depresión," dice, "y está afectando mi capacidad para funcionar en el trabajo, que es lo más importante para mí ahora."

Durante las sesiones iniciales de admisión, aparece perdido y frustrado. Por un lado, expresa decepción por no haber podido avanzar y lograr sus objetivos, como fortalecer sus habilidades como programador y construir una carrera profesional independiente. Por otro lado, manifiesta frustración por no poder dejar las drogas y que, según él, está "en el mismo lugar que los verdaderos adictos."

Cuando el terapeuta le sugiere participar en un grupo de evaluación en el centro, él se niega rotundamente. "De ninguna manera voy a sentarme ahí," dice, "no soporto estar en un lugar así." En cambio, pregunta si hay una manera de recibir ayuda sin tener que ir al centro de tratamiento.

El terapeuta duda por un momento y luego pregunta con cautela: "¿Qué piensa sobre la posibilidad de tener sesiones en línea en un espacio digital? Este proceso incluiría una evaluación y consejería a corto plazo, que podría realizarse en horarios convenientes para ambos. Podemos comenzar con una introducción básica, hablar sobre las sustancias que usa, entender cómo le afectan y explorar posibles direcciones para el tratamiento."

Edward parece indeciso. "No entiendo cómo esto podría funcionar. ¿Cómo pueden tratar algo tan complejo sin estar físicamente presentes?"

El terapeuta sonríe alentador. "Para mí también es un enfoque nuevo, pero lo veo como una oportunidad para intentar algo diferente. Le permite recibir ayuda sin tener que enfrentar la dificultad de venir físicamente al centro. Podemos trabajar juntos para superar la resistencia y construir un proceso que se ajuste a usted."

Tras la pandemia de COVID-19, las situaciones de crisis y eventos militares continuos que limitaron la posibilidad de tratamientos presenciales, el uso de tratamientos digitales se expandió significativamente. El papel central de Internet en la vida cotidiana, incluso entre personas con adicciones, creó la oportunidad de implementar el discurso focalizado en las emociones en este espacio. Este discurso integra los principios clave de la terapia interpersonal focalizada en las emociones: adquirir conciencia emocional, expresión emocional, regulación emocional y transformación emocional (McGuinty et al., 2016).

La terapia focalizada en las emociones en el espacio digital se implementa a través de diversas plataformas y tecnologías, como sistemas web, aplicaciones, software, videollamadas, Zoom, Google Meet y llamadas telefónicas. Geller y otros investigadores señalan que la terapia digital, que a veces puede simular la terapia presencial, ofrece ventajas significativas para promover la disponibilidad del tratamiento, la flexibilidad en la programación y el acceso a la información para las poblaciones tratadas (Geller, 2020; Weinberg y Rolnick, 2019). Las ventajas de esta terapia son especialmente notorias en poblaciones que experimentan sentimientos de estigma, exclusión, limitación o enfermedad, y que a veces evitan o tienen dificultades para asistir a tratamientos presenciales. El espacio digital ofrece acceso al tratamiento e incluso la primera oportunidad para recibir ayuda. Además, acorta distancias geográficas entre paciente y terapeuta, ahorra tiempo e incluso amplía el tratamiento para incluir intervenciones sistémicas, como la participación familiar (Agar, 2019; Kocsii y Yellowlees, 2018).

Presencia en línea y conexión interpersonal

La terapia emocional en el espacio digital requiere crear un espacio que permita una verdadera presencia terapéutica, conexión interpersonal y la construcción de una alianza terapéutica mediante un lenguaje de apoyo incondicional, empatía y aceptación (Brubcher y Wiebe, 2019; Greenman y Johnson, 2013). En colaboración con el paciente, el terapeuta define los objetivos de la terapia interpersonal y los medios para lograrlos. El diálogo terapéutico implica procesar las expresiones verbales y no verbales de un paciente que sufre adicción, junto con la supervisión de las conexiones entre la comunicación física y la actividad verbal y sus significados. Se requiere que el terapeuta esté profundamente involucrado y sea proactivo, enfocándose en identificar signos físicos que indiquen evitación de la escucha emocional, negación o dificultad para traer a la conciencia las emociones. El rol del terapeuta incluye interpretar estas señales, proporcionar reflexión emocional y ayudar a construir percepciones sobre patrones emocionales desadaptativos, como la desesperanza o la ira (Greenberg, 2015). Cuando el paciente tiene dificultades para expresar emociones, el terapeuta vuelve a abordar partes no procesadas del diálogo emocional para ayudarle a construir una nueva narrativa de su experiencia emocional, basada en sentimientos de capacidad y control (Brubcher y Wiebe, 2019).

Además, un terapeuta que trabaja con pacientes con adicciones en el espacio digital necesita competencia tecnológica (Agosta, 2020) y familiaridad con las dificultades que el paciente puede tener para conectarse y usar el sistema digital. El terapeuta debe preparar al paciente para el proceso de terapia en línea y ofrecer soluciones anticipadas para cualquier problema tecnológico que pueda causar estrés o presión. La conciencia de factores en el entorno del paciente que podrían interferir con el discurso terapéutico es crucial (Weinberg y Rolnick, 2019) en el contexto de la terapia en línea. Un paciente en casa puede temer expresar sus emociones si piensa que alguien de su familia está escuchando (Simpson et al., 2021). En tales casos, el terapeuta debe explorar con el paciente la posibilidad de trasladarse a un espacio alternativo donde pueda sentirse seguro y reducir distracciones.

EFT para pacientes con adicción en el espacio digital: etapas

1. Introducción y evaluación inicial: Al comienzo del proceso, el terapeuta realiza una conversación inicial presencial con el paciente para evaluar el contexto personal, las razones para buscar tratamiento, la naturaleza de la dificultad y la capacidad para establecer conexiones interpersonales dentro del marco digital. Esta evaluación proporciona la base para entender las necesidades y posibilidades del tratamiento.
2. Accesibilidad a la información: El terapeuta proporciona al paciente información verbal y escrita sobre el campo de las adicciones, características de los problemas adictivos, tipos de sustancias psicoactivas y adicciones conductuales. También explica los principios de la terapia interpersonal focalizada en las emociones, incluida su aplicación en el espacio digital. En esta etapa, el paciente debe otorgar su consentimiento para participar en el proceso.
3. Diagnóstico inicial: El terapeuta realiza una conversación con el paciente con el propósito de crear una conexión interpersonal y llevar a cabo una evaluación inicial de la situación adictiva utilizando cuestionarios diagnósticos digitales, como el ASSIST o ASI.

4. Creación conjunta del plan terapéutico: El terapeuta y el paciente con adicción definen colaborativamente un plan de tratamiento focalizado en las emociones adaptado a las necesidades individuales del paciente. Este plan se envía al paciente en formato digital.
5. Terapia focalizada en las emociones a corto plazo: La terapia se realiza por video, con énfasis en construir relaciones interpersonales, profundizar la conciencia del paciente sobre emociones desadaptativas y regularlas, además de transformarlas en emociones positivas como el control y la autoestima (McGuinty et al., 2016; Greenberg, 2017).
6. Atenuación de la comunicación no verbal y patrones conductuales: En la terapia, el terapeuta atiende a las expresiones corporales como la expresión facial y los síntomas físicos del paciente con adicción (Cassidy y Shaver, 2016). Estas señales pueden indicar tristeza, ira o mecanismos de defensa destinados a evitar contenidos emocionales perturbadores del pasado (Brubcher y Wiebe, 2019). El terapeuta también observa patrones conductuales durante la conversación, como interrumpir el diálogo, usar el teléfono o alejarse de la pantalla, y explora su significado. Esto puede provenir de resistencia al proceso, insatisfacción o dificultad con la reflexión emocional (Johnson, 2019).
7. Regulación de emociones intensas: En situaciones emocionalmente abrumadoras, el terapeuta emplea técnicas focalizadas en las emociones que también

se usan en la terapia presencial, como la atención plena y la visualización guiada (Dunn et al., 2013). Estas técnicas ayudan al paciente a concentrarse sin prejuicios en sus experiencias emocionales y a regular emociones intensas.

Desafíos y oportunidades en la terapia digital para personas que enfrentan la adicción

Los desafíos en la terapia focalizada en las emociones en el espacio digital para personas que enfrentan la adicción son similares a los de la terapia presencial, incluyendo resistencia al proceso, dificultad para expresar emociones y regulación emocional. Sin embargo, la plataforma digital ofrece oportunidades para mayor flexibilidad, haciendo que la terapia sea accesible para pacientes con dificultades para asistir en persona y fortaleciendo la disponibilidad del apoyo terapéutico incluso en situaciones de emergencia. Una sesión de terapia con Linda ilustra las ventajas de la terapia digital.

Linda, una joven de veinticinco años, ha estado luchando contra la adicción a analgésicos opioides recetados por tres años. Durante su primera sesión con el terapeuta en un centro de tratamiento de adicciones, compartió abiertamente que había logrado dejar el consumo intensivo de drogas durante cinco meses, pero recientemente tuvo una recaída. Comentó que obtiene las drogas tanto por medio de sus médicos como por otros métodos.

"No me he sentido bien últimamente", admite Linda. "Estoy

constantemente ansiosa, siento una tristeza que no sé de dónde viene. El medicamento ya no me ayuda como antes."

Cuando el terapeuta le pregunta sobre sus intenciones de continuar la terapia, Linda responde con firmeza: "No pienso volver aquí. Ni las personas ni este lugar son adecuados para mí. No tengo conexión con las personas aquí y no comparto sus problemas. Simplemente no es para mí."

El terapeuta intenta aclarar que se trata de una terapia personal sin interacción con otros pacientes, pero Linda se muestra resuelta. "No quiero exponerme a otras personas", dice. "No creo que la terapia sea lo que necesito ahora."

El terapeuta sugiere una alternativa: terapia en línea. Inicialmente, Linda responde con vacilación, pero después de unos días se comunica y dice que está dispuesta a probar.

La primera sesión en línea es emocionalmente distante. Linda parece distante, habla mayormente de temas generales y se muestra renuente a abordar sus dificultades personales. "Todavía no entiendo cómo se supone que funciona este medio", dice.

El terapeuta sonríe de manera alentadora. "No es tan diferente de lo que ya conoces: hablar por Zoom, enviar mensajes por WhatsApp. Hasta ahora, no ha habido problemas técnicos, así que creo que hay algo más que está interfiriendo. Escucho que no te sientes cómoda, y quiero entender por qué. ¿Qué estás experimentando en este momento?"

Linda respira hondo. "La verdad es que estoy confundida", responde. "No es solo la llamada por Zoom, es algo más profundo. Pensé que estas charlas aclararían mi relación con las drogas, por qué las necesito tanto y por qué no

puedo dejarlo. Cada vez, vuelvo a ese 'Zaldiar'. Por un lado, me ayuda, pero por otro, me está destruyendo."
El terapeuta asiente. "Para mí es importante que me digas si algo no te queda claro en cualquier momento. Quiero que superemos la distancia física y encontremos una conexión emocional. Escucho que estás empezando a enfrentar honestamente lo que estás viviendo. Parece que no quieres enfrentar estas dificultades sola. Aunque esto suceda a distancia, hay una oportunidad para explorar lo que sientes, entender qué te impulsa y trabajar en cambiar las emociones que te causan sufrimiento. ¿Estoy en lo correcto?"

Geller (2020) señala que el desafío central en la terapia focalizada en las emociones en el espacio digital es crear una experiencia terapéutica lo más cercana posible a la terapia presencial. Para abordar este desafío, el terapeuta debe asegurar un espacio digital empático e inclusivo, que permita el intercambio verbal interpersonal continuo, la presencia terapéutica emocional y una retroalimentación abierta. Este espacio debe permitir al paciente expresar emociones, regularlas y obtener insights sobre sus emociones desadaptativas (Geller, 2017, 2019; Greenberg, 2015). En casos donde los procesos emocionales interpersonales en el espacio digital no logran cumplir las etapas terapéuticas y las tareas clínicas de la terapia focalizada en las emociones, puede ser necesario considerar la transición a la terapia presencial. En tales casos, la terapia en persona permitirá el cambio emocional y conductual, que se reflejará en una reducción de la dependencia a sustancias psicoactivas (McGuinty et al., 2016; Pugh et al., 2020; Shabi, 2021).

Resumen: Condiciones para un Tratamiento Óptimo de la Adicción en Línea

La terapia focalizada en las emociones para personas afectadas por adicciones y poblaciones en riesgo también puede implementarse en el espacio digital, siempre que se cumplan las siguientes condiciones:

- Control Técnico: Tanto el terapeuta como el paciente deben tener control total sobre el sistema digital.
- Disponibilidad y Flexibilidad: Disponibilidad del terapeuta, flexibilidad en la programación basada en las necesidades del paciente y adaptación del marco terapéutico.
- Construcción de Conexión Interpersonal: El terapeuta debe fomentar relaciones de compartir, apoyo, contención y empatía.
- Implementación de Componentes Básicos de la Terapia: Aumentar la conciencia del paciente sobre sus emociones, regulación emocional y transformación emocional donde emociones negativas como ansiedad, soledad e inseguridad se transforman en emociones positivas de capacidad, control y orgullo.

La integración de estos componentes puede ayudar al paciente a adquirir el lenguaje del cambio conductual, que incluye un proceso para reducir o detener el uso de sustancias psicoactivas y mejorar el funcionamiento personal.

10

TFE CON INDIVIDUOS QUE ENFRENTAN ADICCIÓN: DESAFÍOS Y SOLUCIONES

El tratamiento para personas con adicción presenta desafíos, incluyendo dificultades para establecer conexiones interpersonales, construir una alianza terapéutica y manejar emociones crónicas y dolorosas características de pacientes que no creen en sí mismos ni en el sistema terapéutico (Timulak, 2015).

Emociones Intensas

Los pacientes en el continuo de adicción a menudo experimentan emociones intensas de ira y frustración originadas en traumas pasados, incluyendo sentimientos de humillación debido a heridas o barreras sociales. El uso de sustancias psicoactivas funciona como una especie de "proceso de sanación temporal" para ellos, distanciándolos así del tratamiento orientado al cambio personal y a alterar los patrones de consumo. La respuesta a estas dificultades se centra en las experiencias emocionales del paciente y su transformación. La terapia interpersonal se enfoca en fortalecer la conciencia del paciente sobre sus emociones, brindar oportunidades para expresar esas emociones y mejorar la autoeficacia y fortaleza, lo que puede incrementar la disposición del paciente a involucrarse y perseverar en el proceso terapéutico. El terapeuta trabaja para fortalecer el sentido de seguridad del paciente mediante el lenguaje de la empatía y el apoyo incondicional. Este enfoque permite la inclusión, la comprensión y la identificación con las experiencias de pérdida y privación del paciente, creando una experiencia emocional correctiva y una base segura. Este proceso fortalece la autoeficacia del paciente y lo motiva a creer en su capacidad de cambio. La terapia también incluye técnicas de relajación física y emocional, como la meditación y la imaginería guiada, orientadas a dirigir la atención del paciente de manera no juiciosa a sus experiencias físicas y emocionales. Greenberg y Goldman (2008) enfatizan la importancia de abordar necesidades no satisfechas, como la privación emocional o el abandono, y de realizar acciones para transformar emociones intensas en otras alineadas con la realidad.

Resistencia

Los pacientes que enfrentan adicción pueden expresar resistencia al tratamiento tanto de manera abierta como encubierta. A veces intentan enfocarse en los hechos y evitar articular claramente sus luchas emocionales (Greenberg, 2015). El terapeuta intentará "mover" las emociones desadaptativas, como inseguridad, tensión, ira, frustración o miedo, explicar el trasfondo de su formación y ayudar al paciente a reemplazarlas con emociones positivas, como control, orgullo y confianza. Este proceso fortalece el sentido de eficacia del paciente y su capacidad para reflexionar sobre los progresos realizados y actuar en consecuencia para lograr el cambio.

Barreras Cotidianas

El tratamiento requiere una combinación de intervenciones emocionales y prácticas que impacten a los pacientes con adicción en la vida diaria. Esta integración permite abordar barreras diarias como la falta de empleo, dificultades de vivienda, problemas en las relaciones familiares y desafíos con la ley (Aharonovich et al., 2018). Las intervenciones prácticas incluyen defensa de derechos, orientación personal, colocación laboral y defensa. Estas acciones pueden reducir el estrés y permitir que el paciente se desconecte emocionalmente y participe en la terapia. Sin embargo, es importante examinar con el paciente si centrarse en cuestiones prácticas sirve como un mecanismo para evitar enfrentar el dolor emocional (Elliot, 2004). El terapeuta y el paciente necesitan procesar esta cuestión y explorar formas de abordar simultáneamente las dificultades emocionales y los desafíos prácticos.

Dificultad para Identificar el Dolor Central

Algunos pacientes tienen dificultades para definir sus dificultades emocionales centrales y presentar una narrativa clara de sus emociones (Timulak, 2015). El terapeuta debe identificar patrones emocionales y ayudar al paciente a procesar el dolor central que está experimentando. La terapia se centra en identificar experiencias emocionales desadaptativas, comprender su impacto en sus vidas e identificar alternativas emocionales adaptativas, como control y autoconfianza. Los pacientes afectados por la adicción que tienen dificultades para expresar su dolor central pueden tener problemas para lograr la transformación emocional. En esta etapa, el foco debe estar en procesar eventos traumáticos y validar sus necesidades insatisfechas, como la falta de protección o apoyo a largo plazo. Esto incluye procesar eventos traumáticos y expresar emociones como dolor o vergüenza, usar la "ira protectora" de una manera que permita la liberación emocional y la expresión crítica hacia figuras significativas responsables de las experiencias traumáticas, y alentar al paciente a experimentar compasión y empatía hacia sí mismo y reconocer su autoestima.

Autocrítica

Los pacientes en el continuo de la adicción que tienden a la autocrítica o al auto-desprecio pueden tener dificultades con los procesos reflexivos (Timulak y McElvaney, 2018). En estos casos, el terapeuta usará un lenguaje empático y apoyo para ayudar al paciente a aceptarse y reconocer sus fortalezas. La terapia incluye reflexión emocional, juegos de roles y tareas que evocan emociones, enfocándose en crear una nueva narrativa basada en una autoimagen positiva y un sentido de eficacia.

En resumen, el enfoque interpersonal centrado en las emociones con pacientes que enfrentan adicción involucra desafíos como la dificultad para formar conexiones interpersonales, manejar emociones y una tendencia a la racionalización. La terapia se enfoca en ayudar al paciente a construir una nueva narrativa de sus experiencias emocionales, con énfasis en incorporar emociones fuertes y adaptativas, procesar emociones desadaptativas y fortalecer la proactividad y la adaptabilidad. De esta manera, el paciente se convierte en un socio activo en el proceso de cambio.

> "La mayoría de las personas ven lo que es, y nunca ven lo que puede ser." (Albert Einstein)

RESUMEN Y REFLEXIONES

"En cualquier momento dado, tenemos dos opciones: avanzar hacia el crecimiento o retroceder y permanecer donde estamos" (Maslow).

Este libro se centra en personas que enfrentan dificultades emocionales significativas, como trauma y ansiedad, que a menudo conducen a un círculo vicioso de adicción a sustancias psicoactivas y comportamientos adictivos. Estas personas vulnerables suelen tener dificultad para expresar sus emociones, carecen de conciencia de sus sentimientos y luchan por manejar emociones intensas. Para ellas, la solución a sus desafíos emocionales y conductuales, que a veces se describen como insoportables, es el uso excesivo de sustancias psicoactivas. Sin embargo, esta solución es solo temporal, ya que no resuelve el problema subyacente sino que crea un nuevo problema, la adicción a sustancias y comportamientos adictivos, que empeora el estado emocional y conductual.

Este libro presenta un enfoque que ofrece una solución para poblaciones que enfrentan desafíos emocionales y conductuales, mediante una terapia que se centra en el cambio de emociones como base para el cambio conductual. La Terapia Focalizada en las Emociones (EFT) enfatiza la creación de emociones positivas fuertes, como la autoeficacia y el control. Numerosos estudios, incluido el presente, indican que fortalecer estos sentimientos puede motivar a los pacientes a iniciar cambios y mejorar su funcionamiento. El enfoque focalizado en las emociones destaca la necesidad de poner al paciente en contacto con su dolor emocional, que a menudo es resultado de experiencias traumáticas. El objetivo de la terapia es promover el cambio de emociones desadaptativas y reemplazarlas por emociones más adaptativas, permitiendo un mejor funcionamiento emocional. Las poblaciones que luchan contra la adicción a menudo experimentan un dolor emocional intenso, que surge de la humillación, el rechazo y el aislamiento personal. El proceso terapéutico implica exponer y comprender estos dolores, con el objetivo de proporcionar al paciente un sentido de fortaleza y autoeficacia. La terapia propuesta en este enfoque se centra en corregir el mecanismo emocional del paciente mediante el reemplazo de emociones defensivas desadaptativas, como la tristeza por una lesión emocional prolongada, por emociones adaptativas como el optimismo y la creencia en la capacidad de alcanzar el bienestar emocional. Este enfoque tiene como meta ayudar al paciente a desvincularse del uso excesivo de sustancias psicoactivas o a reducirlo mientras logra el equilibrio emocional y fortalece el sentido de control sobre su vida. El proceso terapéutico descrito en este libro se enfoca en mejorar la capacidad del paciente para identificar y acumular nueva información sobre emociones positivas que antes estaban ocultas, y en cambiar recuerdos negativos relacionados con sentimientos de rechazo e impotencia (Greenberg, 2015; Shabi, 2024). Como muestran las investigaciones, la Terapia Focalizada en las Emociones contribuye al alivio emocional y a cambios positivos en poblaciones que experimentan trauma, ansiedad y depresión (Eliott et al., 2018; Angus et al., 2015). El libro sugiere que las poblaciones que luchan contra la adicción también podrían beneficiarse significativamente de este enfoque terapéutico único (Shabi, 2024).

Uno de los componentes clave de este enfoque es la transformación emocional (Greenberg, 2017), que busca reemplazar emociones desadaptativas, como la ansiedad, por emociones más fuertes y adaptativas, tales como la autoeficacia y el autocontrol (Timulak y Mcelvaney, 2018). Este proceso permite a los pacientes procesar sus emociones, integrar nuevos sentimientos en su sistema emocional y crear una nueva narrativa positiva para sus experiencias emocionales (Greenberg, 2017).

Un estudio realizado con una población con adicción, que se alojaba en siete comunidades terapéuticas, examinó los efectos de la terapia emocional combinada con una intervención psicosocial complementaria. El estudio encontró que los pacientes pudieron regular emociones intensas como la rabia y la ira hasta un nivel que permitió un procesamiento emocional efectivo. Este proceso incluyó transformar sentimientos de vergüenza y desesperanza en sentimientos de autocontrol y confianza, lo que a su vez contribuyó a un cambio emocional significativo. Este cambio emocional también condujo a un cambio conductual, manifestado en una participación sostenida en programas terapéuticos, una adaptación exitosa a la vida y la abstinencia de drogas y alcohol (Shabi, 2024).

El presente libro aporta una contribución única a la literatura de investigación sobre Terapia Focalizada en las Emociones para poblaciones que enfrentan adicción en dos aspectos principales:

1. Mejora de la Capacidad de Mapeo Emocional: La Terapia Focalizada en las Emociones ofrece herramientas que fortalecen la conciencia de los pacientes sobre el continuo de la adicción emocional, que a menudo está subyacente al malestar agudo que experimentan. Este proceso incluye identificar emociones como el miedo, la ira y la tristeza, junto con una comprensión profunda de los factores que llevaron a su creación, tales como experiencias de abuso o humillación.
2. Flexibilidad y Regulación Emocional: Los pacientes con adicción aprenden a afrontar emociones desadaptativas mediante una nueva perspectiva que permite interpretaciones alternativas de sus sentimientos. Por ejemplo, los sentimientos de impotencia pueden ser reemplazados por un sentido de control, y la desesperanza puede convertirse en confianza. Este proceso enfatiza la conexión entre emoción, pensamiento y cambio conductual, posibilitando en última instancia la reducción o cese del uso de sustancias psicoactivas y la mejora del funcionamiento personal.

El libro sugiere soluciones para enfrentar desafíos clínicos en poblaciones con adicción, incluyendo la alianza terapéutica, basada en la psicología humanista, que es una condición básica para el éxito del tratamiento. Destaca la pasividad emocional, la identificación de emociones no procesadas y el procesamiento de sentimientos perturbadores que dificultan la creación de conexiones interpersonales (Timulak y Mcelvaney, 2018); la regulación emocional mediante técnicas como la atención plena y la imaginación guiada, que ayudan a llevar las emociones turbulentas a un nivel proporcionado (Elliot et al., 2004); formas de replantear experiencias traumáticas desde una perspectiva segura, creando una visión alternativa de los eventos (Greenberg y Watson, 2006); y el procesamiento de sentimientos poco claros y necesidades emocionales no satisfechas mediante diálogos imaginarios con figuras significativas (Safean y Muran, 2000). En poblaciones con comorbilidad de adicción y problemas de salud mental, se requiere terapia emocional integrada con intervenciones psicológicas de apoyo. Centrarse en necesidades emocionales no satisfechas, junto con acciones que promuevan el equilibrio emocional, puede ayudar en el afrontamiento y la rehabilitación (Greenberg, 2015; Timulak y Mcelvaney, 2018). La capacidad de los pacientes para generar cambios en sus vidas depende de la combinación de la Terapia Focalizada en las Emociones y el apoyo instrumental, que se manifiesta en la vida cotidiana promoviendo la resolución de problemas familiares, arreglos habitacionales, rehabilitación laboral y defensa de derechos. Estas intervenciones prácticas pueden fortalecer significativamente el sentido de autoeficacia y control sobre la vida del paciente.

Espero que esta obra arroje luz sobre las características únicas de la Terapia Focalizada en las Emociones como una herramienta significativa para el cambio emocional y conductual, permitiendo que las personas que enfrentan adicción adquieran el lenguaje del cambio emocional y conductual (Miller y Rollnick, 2013; Greenberg y Watson, 2006; Shabi, 2022). Esta terapia está diseñada para brindar a los pacientes la oportunidad de experimentar emociones positivas y bienestar mental (Sheldon y Lyubomirsky, 2006), reducir gradualmente los sentimientos de ansiedad y depresión (Bolier et al., 2013; Ruini y Fava, 2009), desarrollar resiliencia personal (Peterson y Seligman, 2004) y aumentar los sentimientos de optimismo (Peterson et al., 2012). Al mismo tiempo, la terapia apunta a reducir la dependencia de sustancias psicoactivas y permitir la experiencia de recuperación y rehabilitación (Shabi, 2022). El enfoque de la Terapia Focalizada en las Emociones se caracteriza por el apoyo sin juicios, la compasión, la contención y el apoyo incondicional. Brinda ayuda a personas que enfrentan con valentía dificultades y obstáculos significativos, creando esperanza para un futuro mejor.

En una sesión terapéutica de cierre, el terapeuta habló con un paciente que había completado con éxito un proceso de tratamiento de adicción de tres años, centrado en la motivación emocional y el cambio emocional. A lo largo de la terapia, el paciente logró detener completamente el consumo de alcohol, desarrollar confianza en sí mismo y experimentar un sentido de control sobre su vida.

"En el tiempo que hemos compartido," dice el terapeuta, "especialmente en el último año, vi confianza en ti mismo y un deseo sincero de cambiar tu vida. Quiero decirte que en cierto momento de la terapia sentí cómo tus expectativas sobre ti mismo, el proceso terapéutico y nuestra relación se volvieron cada vez más positivas. "A lo largo de estos tres años, mantuviste una continuidad de tratamiento impresionante, casi sin faltar a ninguna cita. Hoy veo lo consciente que eres de las emociones difíciles que has experimentado en el pasado, abierto a enfrentarlas con honestidad y, lo más importante, capaz de cambiarlas. No solo ves la dificultad, la enfrentas y la transformas en sentimientos de capacidad y control.

"Pasaste por un proceso constante, aunque gradual, para reducir tu consumo de alcohol, hasta que finalmente decidiste dejarlo por completo, y lo lograste. El último año estuvo lleno de logros: tras una terapia de pareja, mejoraste tu relación con tu pareja. Volviste a trabajar en el campo de la construcción, donde habías estado empleado antes, y te está yendo bien. Este sentido de estabilidad y orgullo es uno de los resultados más importantes del trabajo que has realizado.

"Siento tu ansiedad por el fin del tratamiento y la vida independiente que te espera. Tus miedos son comprensibles: ¿podrás mantener tus logros? ¿Podrás resolver los temas pendientes con tu familia y la comunidad que te rodea?

Estos sentimientos son legítimos, y espero que en nuestras últimas tres sesiones hayamos podido procesar algunos de ellos.

"Estoy aquí para ti en el futuro si necesitas consejo o ayuda. Lo importante que debes recordar es que has hecho una corrección significativa en tu vida. Puedes sentirte orgulloso del camino que has recorrido – desde sobrellevar la dificultad hasta un cambio fundamental en tu estilo de vida. Creo en ti y en tu capacidad para superar cualquier obstáculo. Creo que tendrás una buena vida."

"Si puedo escuchar lo que el paciente me está diciendo, si puedo entender cómo experimenta las cosas, si puedo captar el significado personal de lo que está viviendo y diciendo, tal como lo entiende él, puedo promover las fuerzas de cambio dentro de la persona" (Carl Rogers).

BIBLIOGRAFÍA

Servicio de Tratamiento de Adicciones (2020). Informe anual 2020. Ministerio de Bienestar y Servicios Sociales. Israel.

Aharonovich, E., Hasin, S., Nunes, E., Stohl, M., Cannizzaro, D., Sarvet, A., Bolla, K., Carroll, K. y Genece, K (2018). "Terapia Cognitivo Conductual Modificada (M-CBT) para la Dependencia de Cocaína: Desarrollo del tratamiento para usuarios con déficit cognitivo y resultados de un ensayo de fase 1". Psychology of Addictive Behaviors, 32(7), 800–811.

Agosta, L. (2010). La empatía en el contexto de la filosofía. Palgrave Macmillan.

Agosta, L. (2015). Un rumor de empatía: Resistencia, narrativa y recuperación. Routledge.

Agosta, L. (2018). Lecciones de empatía. Two Pears Press.

Agosta, L. (2020). "La empatía en el ciberespacio: El genio está fuera de la botella". En H. Weinberg y A. Rolnick (eds.), Teoría y práctica de la terapia online: Intervenciones por internet para individuos, grupos, familias y organizaciones (pp. 34–46). Routledge.

Agar, G. (2019). "La clínica no ofrece ventaja sobre la pantalla, porque la relación lo es todo, la videoterapia y sus dinámicas". En H. Weinberg y A. Rolnick (1ª eds.), Teoría y práctica de la terapia online (pp. 66–78). Routledge. ISBN eBook9781315545530.

American Psychological Association (2017). Resolución sobre grupos de apoyo de autoayuda. La sociedad para la Investigación y Acción Comunitaria (APA) División. Recuperado de http://www.scra27.org/what-we-do/policy/rapid-response-actions/resolution-self-help-support-groups.

Angus, L., Watson, J. C., Elliott, R., Schneider, K., y Timulak, L. (2015). "Investigación en psicoterapia humanista 1990–2015: De la innovación metodológica a resultados de tratamientos con respaldo empírico y más allá". Psychotherapy Research, 25(3), 330–347.

Angus, L. E., y Greenberg, L. S. (2011). Trabajando con narrativa en terapia focalizada en las emociones: Cambiar historias, sanar vidas. American Psychological Association.

Apodaca, T. R., Jackson, K. M., Borsari, B. B., Magill, M., Mastroleo, N. R., y

Barnett, N. P. (2015). "¿Qué microhabilidades del terapeuta inducen el cambio del cliente y el discurso de mantenimiento en la entrevista motivacional?". Journal of Substance Abuse Treatment, 81(1), 35–46.

Azrachi, Y., y Harel-Fish, Y. (2017). El uso de sustancias psicoactivas entre la población adulta en Israel: Estudio epidemiológico nacional para el año 2016. Autoridad Nacional para la Guerra contra las Drogas y el Alcohol. Israel.

Bandura, A., Freeman, W. H., y Lghtsey, R. (1999). "Autoeficacia: El ejercicio del control". Journal of Cognitive Psychotherapy, 13 (2), 158–166.

Beck, J. S. (2011). Terapia cognitivo conductual: Fundamentos y más allá. The Guilford Press.

Bolier, L., Haverman, M., Westerhof, G. J., Riper, H., Smit, F. y Bohlmeijer, E. (2013). "Intervenciones de psicología positiva: Un meta-análisis de estudios controlados aleatorizados". BMC Public Health 13 (1), 1–20.

Bowlby, J. (1988). Una base segura. Basic Books.

Brubacher, L. (2017). "Terapia individual focalizada en emociones: Una perspectiva sistémica experiencial basada en el apego". Person-Centered and Experiential Psychotherapies 16 (1), 5.

Brubacher, L. L., y Wiebe, S. A. (2019). "De la investigación de proceso a la práctica en la terapia de pareja focalizada en emociones: Un mapa para la práctica reflexiva". Journal of Family Psychotherapy, 30 (4), 292–313.

Busfield, J. (2017). "La revisión del concepto de medicalización". Sociology of Health & Illness, 39 (5), 759–774.

Calado, F., y Griffiths, M. D. (2016). "El juego problemático a nivel mundial: Una actualización y revisión sistemática de investigación empírica (2000–2015)". Journal of Behavioral Addictions, 5 (4), 592-613.

Cassidy, J., y Shaver, P. R. (Eds.) (2016). Manual de apego: Teoría, investigación y aplicaciones clínicas (3ª ed.). Guilford.

Centro para el Tratamiento del Abuso de Sustancias – CSAT. (2004). Tratamiento del abuso de sustancias y terapia familiar (Protocolo de Mejora del Tratamiento [TIP] Serie No. 39, Publicación DHHS No. (SMA) 04-3957). Administración de Servicios de Salud Mental y Abuso de Sustancias.

Chen, G. (2012). "Apoyo social, programas espirituales y recuperación de la adicción a sustancias psicoactivas." En Ronal, N. (Ed.), Lo que el viento se llevó – Tratamiento según el programa de 12 pasos (pp. 27–48). Bar-Ilan University Press. Israel.

Cournoyer, L-G., Brochu, S., Landy, M., y Bergron, J. (2007). "Alianza terapéutica, comportamiento del paciente y abandono en un programa de rehabilitación de drogas: el efecto moderador de subpoblaciones clínicas". Addiction, 102, 1960–1970.

Connors, G, J., Diclemente, C. C., Velasques, M. M., y Donovan, D. M. (2013). Tratamiento del abuso de sustancias y las etapas del cambio: Selección y planificación de intervenciones (2ª ed.). Guilford Press.

Degnan, A., Seymour-Hyde, Harris, A., y Berry, K. (2014). "El papel del apego del terapeuta en la alianza y el resultado: Una revisión sistemática de la literatura". Clinical Psychology and Psychotherapy, 23(1), 47–65.

De Leon, G. (2010). "La comunidad terapéutica: Un camino de tratamiento orientado a la recuperación y la emergencia de un sistema integrado orientado a la recuperación". En R. Yates, M. S. Malloch (Eds.), Enfrentando la adicción: Caminos hacia la recuperación (pp. 70-83). Jessica Kingsley Publishers.

Asociación Estadounidense de Psiquiatría. (2013). Manual diagnóstico y estadístico de los trastornos mentales (5ª ed.). American Psychiatric Publishing.

Dunn, R., Callahan, J. L., Swift, J. K., e Ivanovic, M. (2013). "Efectos del centrado previo a la sesión para terapeutas sobre la presencia y efectividad en la sesión". Psychotherapy Research: Journal of the Society for Psychotherapy Research, 23(1), 78–85.

Ehlers, A., y Clark, D. M. (2000). "Un modelo cognitivo del trastorno de estrés postraumático". Behavior Research and Therapy, 38(4), 319-345.

Elliott, R., Watson, J. C., Goldman, R. N., y Greenberg, L. S. (2004). Aprendiendo la terapia focalizada en las emociones: El enfoque procesal-experiencial para el cambio. American Psychological Association.

Elliott, R., Watson, J. C., Goldman, R. N., y Greenberg, L. S. (2018). Aprendiendo la terapia focalizada en las emociones: El enfoque procesal-experiencial para el cambio. American Psychological Association.

Ettner, S. L., Huang, D., Evans, E., Ash, D. R., Hardy, M., Jourabchi, M., y Hser, Y. I. (2006). "Análisis costo-beneficio en el proyecto de resultados de tratamiento de California: ¿El tratamiento del abuso de sustancias 'se paga solo'?". Health Services Research, 41(1), 192-213.

Flores, P. J. (2004). La adicción como un trastorno de apego. Aronson.

Furrow, J., Johnson, S. M., Bradley, B., Brubacher, L., Campbell, T. L., Kallos-Lilly, V., Palmer, G., Rheem, K., Woolley, S. (2022). Convirtiéndose en un terapeuta focalizado en las emociones: El cuaderno de trabajo (2ª ed.). Routledge.

Fox, T.P., Oliver, G., y Ellis, S. M. (2013). La capacidad destructiva del abuso de drogas: Una visión general que explora el potencial dañino del abuso de drogas tanto para el individuo. International Scholarly Research Notices.

Gabriel-Fried, B., y Teichman, M. (2008). Identidad propia entre adolescentes hijos de alcohólicos. Society and Welfare, 28, 311–328. Israel.

Gabriel-Fried, B. (2023). Conducta de juego entre adolescentes. Mifal HaPais. Israel.

Gabriel-Fried, B., Rehav, G., y Teichman, M. (2010). "El juego entre adolescentes en Israel." Society and Welfare, 30, 1–24. Israel.

Geller, S. (2020). "Cultivando presencia terapéutica en línea: Fortaleciendo las relaciones terapéuticas en sesiones de teleterapia". Counselling Psychology Quarterly, 1–17.

Gibson, K.E. (2011). Niños de la calle: Jóvenes sin hogar, asistencia y vigilancia en las calles de Nueva York. New York University Press.

Goldman, R. N., y Greenberg, L. S. (2015). Formulación de casos en terapia focalizada en las emociones: Co-creando mapas clínicos para el cambio. American Psychological Association.

Goldman, R. N., Vaz, A., Rousmaniere, T. (2021). Práctica deliberada en terapia focalizada en las emociones. American Psychological Association.

Greenberg, L. (2024). Vergüenza e ira en psicoterapia. American Psychological Association.

Greenberg, L. S., y Goldman, R. N. (2008). Terapia de pareja focalizada en las emociones: La dinámica de la emoción, el amor y el poder. American Psychological Association.

Greenberg, L. S., y Warwar, S. H. (2006). "Tareas para el hogar en un enfoque focalizado en las emociones para la terapia experiencial". Journal of Psychotherapy Integration, 16(2), 178–200.

Greenberg, L., S. (2010). Terapia focalizada en las emociones: Una síntesis clínica. Focus, 8(1), 32–42.

Greenberg, L. S., & Elliott, R. (2012). Experiencia correctiva desde una perspectiva humanista-experiencial. En L. G. Castonguay, C. E. Hill, L. G. Castonguay, & C. E. Hill (Eds.), Transformación en psicoterapia: experiencias correctivas a través de enfoques cognitivo-conductuales, humanistas y psicodinámicos (pp. 85–101). American Psychological Association.

Greenberg, L. S. (2011). Terapia focalizada en las emociones. Washington, D.C.: American Psychological Association.

Greenberg, L. (2015). Terapia Focalizada en las Emociones: entrenando al cliente para trabajar sus sentimientos (2a ed.). American Psychological Association.

Greenberg, L. S., & Tomescu, L. R. (2016). Elementos esenciales de supervisión para la terapia focalizada en las emociones. American Psychological Association.

Greenberg, L. S. (2017). Terapia focalizada en las emociones: Nivel 1. Formación en terapia focalizada en las emociones. Madrid, España.

Greenberg, L. S. (2004). "Terapia focalizada en las emociones". Clinical Psychology & Psychotherapy, 11(1), 3-16/10/102qcpp.388.

Greenberg, L. S., Rice, L. N., & Elliott, R. (1996). Facilitando el cambio emocional: el proceso momento a momento (1ª ed.). The Guilford Press.

Greenberg, L. S., & Safran, J. D. (1987). La emoción en psicoterapia: afecto, cognición y el proceso de cambio. Guilford Press.

Greenberg, L. S., & Watson, J. (2006). Terapia focalizada en las emociones para la depresión. American Psychological Association.

Greenman, P., & Johnson, S. (2013). "Investigación procesual en EFT para parejas: vinculando teoría y práctica". Family Process, Edición Especial: Terapia de Pareja, 52(1), 46–61.

Greenman, P., & Johnson, S. M. (2022). "Terapia focalizada en las emociones (EFT): Apego, conexión y salud". Current Opinion in Psychology, 43, 146–150.

Gur, A. (2008). "Mujeres adictas a las drogas". En H. Mahal, M. Chovav, & M. Golan (Eds.), Adicciones, violencia y delitos sexuales (pp. 93–117). Carmel. Israel.

Hettema, J. (Productor), & Langdon, L. (Director). (2009). Video de formación en entrevista motivacional: información instruccional y viñetas clínicas demostrativas, una herramienta para aprendices. Langdon Productions.

Hohman, M. (2012). Entrevista motivacional en la práctica del trabajo social. Guilford Press.

Ichot, T. I. & Smock, P (2009). Tratamiento de abuso de sustancias con enfoque en soluciones. Taylor & Francis Group, LLC.

Centro Israelí de Adicciones. (2022). Informe del Centro Israelí de Adicciones. Israel.

Centro Israelí de Adicciones. (2023). Encuesta del Centro Israelí de Adicciones. Israel.

Jacobs, T.J. (2013). La profesión posible. Routledge.

Johnson S. M. (2009). Teoría del apego y terapia focalizada en las emociones para individuos y parejas. En J. H. Obegi & E. Berant (Eds.), Teoría del apego e investigación en el trabajo clínico con adultos (pp. 410–433). Guilford Press.

Johnson, S. M. (2019). Teoría del apego en la práctica: terapia focalizada en las emociones con individuos, parejas y familias. Guilford.

Johnson, S. M. (2020). La práctica de la terapia focalizada en las emociones: Creando conexión (3ª ed.). Routledge.

Keogh, D., Timulak, L., & McElvaney, J. (2014, junio). Tratamiento del trastorno de ansiedad generalizada con terapia focalizada en las emociones: estudio de caso sobre procesos de cambio emocional. Conferencia anual de la Sociedad de Investigación en Psicoterapia.

Khantzian, E. J. (2013). La adicción como trastorno de autorregulación y el papel de la automedicación. Addiction, 108(4), 668-669.

Klein, M. H., Mathieu-Coughlan, P., & Kiesler, D. J. (1986). "Las escalas de experiencia". En L. S. Greenberg & W. M. Pinsof (Eds.), El proceso psicoterapéutico: manual de investigación (pp. 21–71). Guilford.

Kocsis, B. J., & Yellowlees, P. (2018). "Telepsicoterapia y la relación terapéutica: principios, ventajas y ejemplos de casos". Telemedicine and e-Health, 24(5), 329–334.

Kohut, H. (1982). "Introspección, empatía y el semicírculo de la salud mental". Int. J. of Psycho-Anal, 63, 395–407.

Lafrance, A., Henderson, K. A., & Mayman, S. (2020). Terapia familiar focalizada en las emociones: un modelo transdiagnóstico para intervenciones centradas en el cuidador. En Terapia familiar focalizada en las emociones: un modelo transdiagnóstico para intervenciones centradas en el cuidador. American Psychological Association.

Lesieur, H. R., & Blume, S. B. (1987). "La pantalla South Oaks para el juego (SOGS): un nuevo instrumento para la identificación de jugadores patológicos". American Journal of Psychiatry, 144(1), 1884–1888.

Lev-Ran S., Nitzan U. & Fennig, S (2014). "Examinando los límites éticos de la reducción de daños: de las adicciones a la psiquiatría general". Israeli Journal of Psychiatry and Related Sciences, 51(3), 175–180.

Locke, E. A., & Schattke, K. (2018). "Motivación intrínseca y extrínseca: tiempo para expansión y aclaración". Motivation Science, 5(4), 277–290.

Loue, S. (2002). Cuestiones de diversidad en el tratamiento e investigación del abuso de sustancias. Academic Publishers New York.

Magill, M., Bernstein, M. H., Hoadley, A., Borsari, B., Apodaca, T. R.,

Gaume, J., & Tonigan, J. S. (2018). "Haz lo que dices y di lo que vas a hacer: un meta-análisis preliminar de los subtipos de cambio y mantenimiento del habla del cliente en la entrevista motivacional". Psychotherapy Research, 29(7), 860–869.

Marom, T., Shachtman, A., Mor, M., & Myers, Y. (2011). Terapia cognitivo-conductual en adultos. Dyunon. Israel.

Mata, G. (2021). En el reino de los espíritus hambrientos: encuentros cercanos con la adicción. Asia.

McFarlane, A. C., y R. Yehuda. (1996). "Resiliencia, vulnerabilidad y el curso de las reacciones postraumáticas". En B. A. van der Kolk, A. C. McFarlane, y L. Weisaeth (Eds.), Estrés traumático: Los efectos de experiencias abrumadoras en la mente, el cuerpo y la sociedad. Guilford Press.

McGuinty, E., Nelson, J., Carlson, A., Crowther, E., Bednar, D., & Foroughe, M. (2016). "Redefiniendo la medición de resultados: un modelo para la psicoterapia breve: redefiniendo la medición de resultados". Clinical Psychology & Psychotherapy, 23(3), 260–271.

McLellan, A. T., Kushner, H., Metzger, D., Peters, R., Smith, I., Grissom, G., Pettinati, H., & Argeriou, M. (1992). "La quinta edición del Índice de Severidad de la Adicción". Journal of Substance Abuse Treatment, 9 (3), 199–213.

Encuesta de Mifal HaPais (2018). Recuperado en enero de 2019: https://www.pais.co.il/specials/responsiblelottery/content.html. Israel.

Mignonn, S, I. (2014). Tratamiento del abuso de sustancias: opciones, desafíos y efectividad. Springer Publishing Company.

Miller, W. R., & Moyers, T. (2017). Taller avanzado en entrevista motivacional. Taller realizado en Albuquerque, NM, Estados Unidos.

Miller, W. R., & Rollnick, S. (2002). Entrevista motivacional: preparando a las personas para el cambio (2ª ed.). Guilford.

Miller, W. R., & Rollnick, S. (2013). Entrevista motivacional: ayudando a las personas a cambiar (3ª ed.). Guilford.

Maibom, H. L. (2012). "Las múltiples caras de la empatía y su relación con la acción prosocial y la inhibición de la agresión". WIREs Cog Sci, 3, 253–263.

Meier, P. S., Donmall, M. C., Barrowclough, C., McElduff, P., & Heller, R. F. (2005). "Predicción de la alianza terapéutica temprana en el tratamiento del abuso de drogas". Addiction, 100(4), 500–511.

Ministerio de Bienestar (2019). Personas en el continuo del uso de drogas, alcohol y juego. Ministerio de Bienestar y Servicios Sociales. Israel.

Monezi, A. L. & De Micheli, A. D. (2016). Innovaciones en el tratamiento de la adicción a sustancias. Springer International Publishing.

Naar, S., & Safren, S. A. (2017). Entrevista motivacional y TCC: combinando estrategias para máxima efectividad. Guilford Press.

Najavits, L.M. (2004). "Evaluación del trauma, TEPT y trastorno por uso de sustancias: una guía práctica". En J.P. Wilson & T.M. Keane (Eds.), Evaluación del trauma psicológico y TEPT (pp. 466–491). Guilford Press.

Najavits LM. (2002). "Opiniones de los clínicos sobre el tratamiento del trastorno por estrés postraumático y el trastorno por uso de sustancias". J Subst Abuse Treat22, 79–85.

Najavits LM, Schmitz M, Gotthardt S, Weiss RD. (2005). "Seeking Safety más terapia de exposición: un estudio de resultados en hombres con diagnóstico dual". J Psychoactive Drugs, 37, 425–435.

Autoridad Nacional para la Seguridad Comunitaria. (2021). El modelo islandés. Autoridad Nacional para la Seguridad Comunitaria. Israel.

Instituto Nacional sobre el Abuso de Drogas (NIDA). (2018). Principios del tratamiento de la adicción a las drogas: una guía basada en la investigación. (Publicación NIH No. 12–4180). Rockville, MD: Institutos Nacionales de Salud, Departamento de Salud y Servicios Humanos de EE.UU.

NIDA (2014). Principios del tratamiento del abuso de sustancias para poblaciones de justicia penal – una guía basada en la investigación.https://www.drugabuse.gov/publications/principles-drug-abuse-treatment-criminal-justice-populations-research-based-guide/principles.

Oxley, J. C. (2011). Las dimensiones morales de la empatía: límites y aplicaciones en la teoría y práctica ética. Palgrave Macmillan.

Peterson, C., & Seligman, M. E. (2004). "Fortalezas y virtudes del carácter: un manual y clasificación". Oxford University Press.

Peterson, C., Park, N., & Kim, E. S. (2012). "¿Puede el optimismo disminuir el riesgo de enfermedad entre los ancianos?". Aging Health, 8(1), 5–8. doi:10.2217/ahe.11.81.

Petry, N. M., Blanco, C., Stinchfield, R., & Volberg, R. (2013). "Evaluación empírica de los cambios propuestos para el diagnóstico del juego patológico en el DSM-5". Addiction, 108, 575–581.

Pressman, S. D., Kraft, T. L., & Cross, M. P. (2015). "Es bueno hacer el bien y recibir el bien: El impacto de una intervención de amabilidad de tipo 'paga adelante' en el bienestar del dador y el receptor". The Journal of Positive Psychology, 10(4), 293–302.

Prochaska, J. O., Diclelemene, C. C., & Norcross, J. C. (1992). "En busca de cómo cambian las personas: Aplicaciones a conductas adictivas". American Psychologist, 47, 1102–1114.

Pugh, M., Bell, T., & Dixon, A. (2020). "Realización de tele-sesiones de silla: Una encuesta cualitativa a terapeutas expertos". Psychotherapy Research, 1–16.

Rathgeber, M., Bürkner, P., Schiller, E., & Holling, H. (2019). "La eficacia de la terapia de pareja focalizada en las emociones y la terapia conductual de pareja: Un meta-análisis". Journal of Marital and Family, 45(3), 447–463.

Rath, T. (2015). El único tipo de motivación que conduce al éxito. Fast Company. Recuperado de www.fastcompany.com/3047370/the-only-type-of-motivation that-leads-to-success.

Reid, A. G. (2016). "Trastornos por uso de sustancias". Medicine, 44 (12), 701–705.

Rogers, C. (1995). El proceso de convertirse en persona. Mariner Books.

Rogers, C. R. (1951). Terapia centrada en el cliente. Constable.

Rogers, C. R. (1957). "La condición necesaria y suficiente para el cambio terapéutico de la personalidad". Journal of counseling psychology, 21, 95–100.

Rogers, C. R. (1962). "Las relaciones interpersonales: el núcleo de la orientación". Harvard Educational Review, 32(4), 416–429.

Rogers, C. R. (1961). El proceso de convertirse en persona. Londres. Constable.

Ronzitti, S., Soldini, E., Smith, N., Clerici, M. & Bowden – Jnes, H (2017). "Trastorno por juego: Explorando los predictores de abandono antes y durante el tratamiento. Un estudio en el Reino Unido". J Gamble Study, 33, 1277–1292.

Rosengren, D. B. (2018). Construyendo habilidades de entrevista motivacional: Un cuaderno para el practicante (2ª ed.). Guilford Press.

Rozin, P., Lowery, L., Imada, S., & Haidt, J. (1999). "La hipótesis de la triada CAD: Un mapeo entre tres emociones inmorales (desprecio, ira, disgusto) y tres códigos morales (comunidad, autonomía, divinidad)". Journal of Personality and social Psychology, 76, 574–586.

Ruini, C., & Fava, G. A. (2009). Terapia de bienestar para el trastorno de ansiedad generalizada. Journal of Clinical Psychology, 65(5), 510–519.

Safran, J. D., & Muran, J. C. (2000). Negociando la alianza terapéutica: Una guía para un tratamiento relacional. Guilford Press.

SAMHSA (2013). TIP 44: Tratamiento del abuso de sustancias para adultos en el sistema de justicia penal.

Sanders, M. (2000). "Intervenciones comunitarias de apoyo familiar y parentalidad y la prevención del abuso de drogas". Addictive Behaviors, 25, 929–942.

Shabi, A. (2024). Percepciones de los pacientes sobre la terapia interpersonal focalizada en las emociones en el tratamiento de la adicción. Academic Journal Keshet. Israel.

Shabi, A. (2023). Resistencia, ambivalencia y cambio: Personas con adicción a drogas y alcohol. Journal of addiction & addictive Disorders.

Shabi, A. (2021). El impacto de un programa de intervención terapéutica en el bienestar y los patrones de apego de personas adictas (Tesis doctoral inédita). Universidad de Iași – Rumania.

Shabi, A. (2022). "Relaciones terapéuticas interpersonales del trabajador social con clientes (ITR): El impacto de los mecanismos psicológicos en la adicción". Addiction & Addictive Disorders 9, 085.

Shaver, P. R., Schachner, D. A., & Mikulincer, M. (2005). "Estilo de apego, búsqueda excesiva de reafirmación, procesos relacionales y depresión". Journal of Personality and Social Psychology, 31, 343–359.

Sheldon, K. M., & Lyubomirsky, S. (2006). Cómo aumentar y sostener la emoción positiva: Los efectos de expresar gratitud y visualizar los mejores yos posibles. The Journal of Positive Psychology, 1(2), 73–82.

Simpson, S., Richardson, L., Pietrabissa, G., Castelnuovo, G., & Reid, C. (2021). "Terapia por video y alianza terapéutica en la era del COVID-19". Clinical Psychology & Psychotherapy, 28(2), 409–421.

Straussner, L. A. (2014). "Práctica y cuestiones políticas: El panorama cambiante". En Straussner, L. A. (Ed.), Trabajo clínico con clientes consumidores de sustancias (pp. 539–542). Guilford Press.

Thom, B. (2010), "Mujeres en recuperación". En R. Yates y M.S. Malloch (eds.), Abordando la adicción: Caminos hacia la recuperación (pp. 52–69). Jessica Kingsley Publishers.

Timulak, L. & Mcelvaney, J. (2018). Transformando la ansiedad generalizada. Un enfoque centrado en las emociones. Routledge.

Timulak, L. (2015). Transformando el dolor emocional en psicoterapia: Un enfoque centrado en las emociones. Routledge.

Timulak, L. (2017). Entrenamiento en terapia focalizada en las emociones para TAG: Materiales de formación. Manuscrito inédito.

Tombs, D.L. (2005). Introducción a los comportamientos adictivos. Ach. Israel.

Tudor, K., & Meery, T. (2006). Diccionario de psicología centrada en la persona. Pccs BOOKS.

UNODCP (2018). Informe mundial sobre las drogas. Oficina de las Naciones Unidas contra la Droga y el Delito.

Van Wamel, A., Van Rooijen, S., & Kroon, H. (2015). "Tratamiento integrado: El modelo y experiencias europeas". En G. Dom y F. Moggi (eds.), Trastornos adictivos y psiquiátricos concurrentes (pp. 27–45). Springer.

Wampold, B, E. (2009). Farmacología y tratamiento del abuso de sustancias. Routledge Taylor & Francis Group.

Wamel, A, V., Lempens, A., Neven, A. (2021). "Tratamiento integrado de trastornos duales en los Países Bajos: un estudio cualitativo de experiencias de clientes". Advances in dual diagnosis, 14(4), 183–197.

Wachtel, P. L. (1993).*Comunicación terapéutica: Saber qué decir y cuándo*. Guilford Press.

OMS (2018). Informe mundial sobre el alcohol y la salud 2018. Organización Mundial de la Salud.

Weinberg, H., & Rolnick, A. (2019). "Introducción". En H. Weinberg y A. Rolnick (eds.), Teoría y práctica de la terapia en línea (pp. 1–10). Routledge.

Wiebe, S. A., & Johnson, S. M. (2016). "Una revisión de la investigación en terapia focalizada en las emociones para parejas". Family Process, 55(3), 390–407.

Wiers, R. W., Gladwin, T. E., Hofmann, W., Salemink, E., & Ridderinkhof, K. R. (2013). "Modificación del sesgo cognitivo y entrenamiento del control cognitivo en la adicción y psicopatología relacionada: Mecanismos, perspectivas clínicas y caminos a seguir". Clinical Psychological Science, 1, 192–212.

White W, Popovits R. (2001). Incidentes críticos: Cuestiones éticas en la prevención y tratamiento de la adicción (2ª ed.). J. Bloomington, 111.: Chestnut Health Systems.

OMS. (2010). Instrumento de cribado sobre alcohol, tabaco y sustancias (ASSIST). Organización Mundial de la Salud.

Wampold, B, E. (2009). Farmacología y tratamiento del abuso de sustancias. Routledge Taylor & Francis Group.

Yau, M. Y. H., & Potenza, M. N. (2015). "Trastorno por juego y otras adicciones conductuales: Reconocimiento y tratamiento". Harvard Review of Psychiatry, 23(2), 134.

Yalom, I.D. (2002). El don de la terapia. Harper Collins Publishers.

Yalom, I. D., & Leszcz, M. (2019). Teoría y práctica de la psicoterapia grupal (6ª ed.). Basic Books.

Zaks, A., & Feld, E. (2005). "Heroínas tristes: La autopercepción de mujeres que conviven con un pareja adicta al alcohol." Society and Welfare, 25, 204–223. Israel.

Zimmer, R., & Boni-Noah, H. (2014). Prevención del consumo de drogas y alcohol. Bialik. Israel.

Shagi, S. (2014). "Prevención del consumo de sustancias psicoactivas en niños y adolescentes: ¿Hacia dónde nos conduce el enfoque salutogénico?" En R. Zimmer y H. Boni-Nah (eds.), Prevención del consumo de drogas y alcohol (pp. 86–97). Bialik. Israel.

Zuckoff, A. (2001). Entrevista motivacional: Un estudio empírico-fenomenológico del proceso interpersonal y la experiencia del cliente con un estilo de consejería [Tesis doctoral inédita]. Universidad de Duquesne.

www.ingramcontent.com/pod-product-compliance
Lightning Source LLC
LaVergne TN
LVHW050849051026
849532LV00006BA/2166